COMMENT FAIRE L'AMOUR À UN HOMME

Couverture
- Aérographie:
  DANIEL JALBERT
- Maquette:
  GAÉTAN FORCILLO

Maquette intérieure
- Conception graphique:
  JEAN-GUY FOURNIER

DISTRIBUTEURS EXCLUSIFS:

- Pour le Canada et les États-Unis:
  MESSAGERIES ADP*
  955, rue Amherst
  Montréal, Québec
  H2L 3K4
  Tél.: (514) 523-1182
  Télécopieur: (514) 939-0406
  * Filiale de Sogides ltée

- Pour la Belgique et le Luxembourg:
  PRESSES DE BELGIQUE S.A.
  Boulevard de l'Europe 117
  B-1301 Wavre
  Tél.: (010) 42-03-20
  Télécopieur: (010) 41-20-24

- Pour la Suisse:
  DIFFUSION: HAVAS SERVICES SUISSE
  Case postale 69 - 1701 Fribourg - Suisse
  Tél.: (41-26) 460-80-60
  Télécopieur: (41-26) 460-80-68
  Internet: www.havas.ch
  Email: office@havas.ch
  DISTRIBUTION: OLF SA
  Z.I. 3, Corminbœuf
  Case postale 1061
  CH-1701 FRIBOURG
  Commandes: Tél.: (41-26) 467-53-33
  Télécopieur: (41-26) 467-54-66

- Pour la France et les autres pays:
  INTER FORUM
  Immeuble Paryseine, 3, Allée de la Seine
  94854 Ivry Cedex
  Tél.: 01 49 59 11 89/91
  Télécopieur: 01 49 59 11 96
  Commandes: Tél.: 02 38 32 71 00
  Télécopieur: 02 38 32 71 28

Pour en savoir davantage sur nos publications,
visitez notre site: **www.edjour.com**
Autres sites à visiter: www.edhomme.com · www.edtypo.com
www.edvlb.com · www.edhexagone.com · www.edutilis.com

Alexandra Penney

COMMENT FAIRE L'AMOUR À UN HOMME

 le jour, éditeur

© 1981 Alexandra Penney et Norman F. Stevens Jr.

© 1982 LE JOUR, ÉDITEUR,
DIVISION DE SOGIDES LTÉE

Tous droits réservés

Ce livre a été publié en américain sous le titre:
How to Make Love to a Man
chez Clarkson N. Potter, Inc.,
division de Crown Publishers, Inc.

Bibliothèque nationale du Québec
Dépôt légal — 1er trimestre 1982

ISBN 2-89044-090-7

Pour Norman F. Stevens, Jr.

Remerciements

Ce livre n'aurait jamais vu le jour sans l'intelligence, l'amitié et l'encouragement de Charlotte Sheedy. Je suis de même reconnaissante à nos amis et à ceux qui ont contribué de différentes façons à son existence et dont les noms suivent par ordre alphabétique, comme le veut la démocratie: le docteur M.E.B., Myrna Blyth, Barbara Bonn, Edward Caracci, Jerry Chasen, Paul E. Cohen, Nancy de Sotto, Tuna B. Fish, Alice Fried, Asher Jason, Jeffrey Klomberg, Pamela Kransman, Anne Lederer, Harriet Love, le docteur T.M., David McCorkle, Phyllis Posnick, Susan Price, Martin Rapp, Alan Rosenberg, Leonard Russel, E.S., mon talentueux éditeur Carol Southern, Suga, Larry Totah, Nancy Wechsler, mon éditeur Jane West, Phyllis Wilson et les serveuses du Coffee Connection.

1.

L'histoire de M.

"Non, merci!", lança l'homme qui se trouvait à ma droite lorsque notre hôtesse lui offrit le dessert le plus appétissant que j'aie jamais vu. En attaquant avec ravissement (et culpabilité) ma crème fouettée, je l'entendis à peine soupirer.

— Une seule bouchée, bon Dieu!, plaida-t-il en balançant sa fourchette au-dessus de mon assiette.

— *Vous* ne pouvez pas être au régime, lui rétorquai-je en me retenant de sourire et en protégeant de mon mieux ma pâtisserie, maintenant que j'avais de nouveau laissé tomber ma diète. Vous n'avez sûrement pas de problème de poids. Vous êtes un de ces chanceux qui sont nés grands et minces.

— Il y a en moi un petit gros qui souffre le martyre en attendant que je le libère, dit-il très sérieusement. *Vous* ne connaîtrez jamais cette torture... les cônes sans crème glacée, les sevrages de crème fouettée...

— Vous ne pouvez pas savoir à quel point je comprends ça," l'interrompis-je, l'aimant sur-le-champ de reconnaître ses faiblesses. "Moi aussi, je suis une maniaque du sucre", ajoutai-je en lui offrant les restes succulents de mon dessert.

Nous avons poursuivi en terminant nos tasses de Sanka noir, sans sucre, riant et parlant sans arrêt durant les deux heures suivantes. Je l'avais rencontré le soir même et souhaitais maintenant qu'il demande à me revoir.

— Aimeriez-vous finir la soirée chez moi?, dit-il alors que nous nous apprêtions à nous quitter sur des formules de politesse.

Je tentai de prendre un air détaché et mondain, comme si on me faisait sans arrêt ce genre de proposition.

— J'aimerais bien, mais nous pourrions peut-être d'abord nous rencontrer pour un lunch diététique, non?

— D'accord. Qu'est-ce que vous diriez de jeudi prochain?

— Si je suis déjà prise, je m'arrangerai pour me libérer", répondis-je de mon ton le plus suave.

Le jeudi en question, je m'apprêtai avec le plus grand soin pour notre rendez-vous. Je pris une douche, m'aspergeai de poudre, me parfumai généreusement (je n'allais pas me servir d'eau de Cologne pour *cet* homme-*là*!), revêtis un slip de pure soie réservé aux grandes occasions, m'abstins de déjeuner et tentai dans la mesure du possible d'avoir l'air aussi ensorcelante que le permettait le destin.

Lorsque j'arrivai au restaurant, le maître d'hôtel m'indiqua "la table de monsieur Evans" et j'y pris place.

— Je vous ai commandé deux gousses de pois et un soufflé aux oeufs de cailles, annonça sans l'ombre d'une expression Michael en me versant du champagne.

Après notre deuxième tasse d'expresso, ayant partagé un dessert aussi délicieux qu'un péché, j'ai accepté de passer la fin de semaine avec lui.

Ce soir-là, tandis que je me torturais à force de m'interroger sur le risque que je courais à passer la fin de semaine avec un homme que je connaissais à peine, Michael téléphona pour me dire qu'il avait particulièrement hâte de me revoir le lendemain à 20 heures.

Je me lavai les cheveux, les traitai avec une lotion capillaire très pénétrante, et m'apprêtais à jeter un coup d'oeil à du travail que j'avais apporté chez moi, lorsque j'entendis un raclement dans la boîte aux lettres du rez-de-chaussée. Je passai une robe de chambre, descendis et découvris une enveloppe gris pâle où mon nom était calligraphié. Elle contenait une clé et une courte note:

Chère Joanna,
J'espère rentrer du bureau avant 20 heures demain. Si jamais j'étais en retard, voici la clé de mon appartement. Soyez-y chez vous et prenez-y vos aises.
M.

La clé de son appartement! Quel genre d'homme peut bien vous confier la clé de son appartement, à moins que vous ne le connaissiez *très* bien? Je me sentis quelque peu mal à l'aise. Même s'il donnait l'impression d'être libéré, même si nous étions liés par nos diètes, peut-être cachait-il une âme de macho qui s'attendait à ce que je lui cuisine son repas (à faible teneur en calories) et à me retrouver vêtue d'un déshabillé, ses pantoufles à la main, lorsqu'il passerait la porte. Peut-être, n'est-ce pas — et je laissai courir mon imagination —, peut-être avait-il des goûts sexuels excentriques? J'étais quelque peu inquiète, mais bien davantage curieuse. Michael était de toute évidence mystérieux, intelligent et romantique et je décidai donc, après avoir de nouveau pesé le pour et le contre, de me rendre à notre rendez-vous.

Le lendemain soir, à 20 h 5, je sonnais chez Michael. Pas de réponse. S'il était si romantique, bon sang, et s'il attendait tant de cette soirée, il aurait au moins pu se libérer avant 20 heures. Je sonnai de nouveau. Il a beau être un charmeur, pensai-je, il manque de délicatesse. Mon malaise faisait de nouveau surface. Il occupait un poste de cadre et nous avions été présentés dans les formes, me rappelait une voix intérieure; vas-y, ouvre la porte, ajoutait-elle. J'introduisis la clé dans la serrure et me retrouvai dans une noirceur presque complète.

Deux chandelles solitaires vacillaient. Une note était appuyée à l'une d'elles. Il *est* bizarre, pensai-je en sentant la panique m'envahir. L'un de mes pieds voulait voler à travers la porte et l'autre voulait se diriger — avec un luxe de précautions — vers l'endroit où se trouvait la note. Je me dirigeai vers la petite feuille de papier et lus:

SOIS AUDACIEUSE... ENTRE!

Tandis que ma vue s'ajustait à la pénombre, j'entendis le son lointain d'une musique. Si c'est une blague..., pensai-je. Tout en me frayant un chemin vers les accents de Roberta Flack, je m'aperçus que l'appartement était éclairé d'un bout à l'autre par de petites chandelles tremblantes. Attirée par la musique, j'entrai lentement dans la chambre faiblement éclairée où brillait une gerbe de roses blanches dont les longues tiges s'enfonçaient dans un vase de cristal.

— Ah! te voilà!, dit Michael en sortant de ce que je crus être la salle de bain. Vêtu d'une paire de jeans et d'un cachemire crème, il semblait particulièrement mince. Je suis heureux de constater que tu as un sens exceptionnel de l'orientation, poursuivit-il. Viens, allons prendre un verre au salon.

J'avais à peine achevé de boire la coupe de champagne la plus glaciale que j'aie jamais goûtée que Michael et moi nous moquions de mon sentiment de panique et que je glissais dans un état de complète détente.

— Veux-tu prendre un bain? demanda-t-il un peu plus tard.

— Je viens d'en sortir! protestai-je.

— Pas comme celui-ci, dit-il en m'entraînant vers la salle de bain où il fit couler l'eau en y ajoutant des pétales de roses et un liquide azur mousseux.

— Tu ressembles à un alchimiste.

Il disparut, passa une robe de chambre et vint s'asseoir auprès de moi tandis que je coulais dans l'eau bleue parfumée. Tout près, sur une table décorée d'une unique rose dans un vase simple, un plateau contenait des têtes de champignons farcies de caviar sombre et luisant ("57 calories l'unité", annonçait une carte qui les accompagnait). Michael remplit ma coupe de champagne et vint me rejoindre dans la baignoire. Plus tard, dans les draps les plus propres, les plus doux et les plus blancs qui se puissent imaginer, au milieu de la fragrance merveilleuse que dégageaient les roses blanches, il me fit divinement l'amour.

L'histoire de Michael m'a été racontée par Joanna, ma meilleure amie, et de bout en bout elle disait la vérité. "Cette nuit-là, c'était la première fois qu'un homme me faisait l'amour, dit-elle. J'avais couché avec d'autres hommes avant, mais Michael était le premier qui *me* faisait vraiment l'amour en concentrant son attention sur *moi*, en *me* menant au bout de mes fantaisies, en me faisant l'amour complètement, avec de l'imagination, parfaitement."

Mais une surprise l'attendait! Après cette fin de semaine extraordinaire, alors qu'elle commençait à mieux le connaître, Joanna s'aperçut que Michael voulait qu'à son tour elle lui fasse l'amour! Quelques semaines plus tard, il lui lança de but en blanc:

— Demain soir, nous allons ajouter du piquant. *Tu* prendras l'initiative!

Jamais auparavant Joanna n'avait entendu un homme, au lit ou ailleurs, dire qu'il voulait qu'on lui fasse l'amour, qu'il voulait qu'elle prenne les choses en mains, qu'il ne voulait pas toujours être celui à qui incombait la responsabilité. Elle n'eut pas la moindre hésitation.

— J'accepte de relever le défi!, dit-elle.

Cette histoire, aussi folle et extravagante qu'elle puisse paraître, fit sur moi une forte impression. Je croyais fermement qu'elle reflétait un problème fondamental. Je commençai à douter que Michael soit le seul homme à vouloir que les femmes lui fassent l'amour et, dans le cas où les hommes *voulaient* effectivement se faire faire l'amour, je me demandai si les femmes savaient *comment* s'y prendre. Je m'aperçus que la plupart des femmes ne pensent jamais à faire l'amour à un homme. On nous enseigne à être séduisantes, enchanteresses, à bien parler et à bien cuisiner, mais lorsqu'il s'agit du lit, la plupart d'entre nous veulent être entraînées par le Prince Charmant dans la fabuleuse contrée des orgasmes et des délices sexuels extatiques. Une femme, au fond, *attend* d'un homme qu'il lui fasse l'amour et prenne l'initiative dans le domaine sexuel.

J'avais lu *The Joy of Sex*, et appris certaines données techniques de base. Je l'ai relu, pour voir si quelque chose m'avait échappé. Puis j'achetai *The Sensuous Woman, The Sensuous Man, Sex Without Guilt* et *Love Without Fear*, qui comportaient certaines idées intéressantes, mais n'étaient pas suffisamment précis. Je me tournai vers *More Joy of Sex, The Joy of Oral Sex* et, en désespoir de cause, *The Joy of Gay Sex* (celui-ci renfermerait certainement quelques informations intéressantes). À l'exception de ce dernier, presque tous ces livres semblaient prendre pour acquis que l'initiative sexuelle revenait au mâle et que celui-ci devait être éveillé aux besoins des femmes, prendre son temps et aider sa compagne à atteindre l'orgasme une ou plusieurs fois si elle le désirait.

Mais les *hommes*, eux, que désiraient-ils, à part une érection et un bon orgasme? Quels étaient les subtils plaisirs qui ravissaient les hommes? Ni livre ni qui que ce soit n'avait jamais clairement expliqué aux femmes de quoi il retournait lorsqu'il s'agissait de faire l'amour à un homme.

Après avoir dévoré tous ces livres, je décidai de consulter la principale source d'information: je commençai à demander aux hommes ce qu'ils attendaient de leurs femmes, de leurs amantes ou de leurs maîtresses. J'interrogeai plus de deux cents hommes de tout âge, appartenant à plusieurs classes sociales et à plusieurs ethnies. L'idée de se faire faire l'amour les excitait presque tous.

Herb, un ingénieur en construction de 1 m 87 (6 pieds 2 pouces), se fit presque la voix de la majorité. "De temps en temps, dit-il, j'aime m'étendre et me laisser faire, n'être rien d'autre qu'un objet sexuel." Alan, un photographe à la pige, abondait dans le même sens: "Des tas de femmes savent très bien se laisser faire l'amour. Elles aiment vraiment le sexe, ce qui plaît beaucoup aux hommes. Mais il ne m'est arrivé qu'une ou deux fois d'en rencontrer qui voulaient me rendre la pareille. Elles étaient les plus extraordinaires de toutes."

D'autres chercheurs commencent à parvenir à la conclusion que les hommes veulent se faire faire l'amour. Dans *Beyond the Male Myth: What Women Want to Know About Man's Sexuality*, par exemple, la donnée statistique la plus frappante indique que, de nos jours, 75 p. 100 des hommes désirent que les femmes s'impliquent davantage avant et pendant les rapports sexuels. Ils désirent qu'une femme démontre son intérêt et son plaisir, qu'elle participe activement, qu'elle oublie sa timidité au lit. En comparaison avec celle des hommes des générations passées, qui ne désiraient rien d'autre que la complaisance de leurs femmes, cette attitude est nouvelle. Jusqu'à tout récemment, un homme voyait sans doute dans une partenaire active une menace, un comportement peu féminin, voire dégradant, mais de nos jours les hommes ont le sentiment d'avoir le droit de n'être pas toujours obligés de faire étalage de prouesses.

Tout en sentant qu'elle *devrait* être sexuellement plus active, *comment* une femme peut-elle agir sans se faire menaçante ou agressive? Personne n'a jamais aidé les femmes à découvrir ce que leurs maris ou leurs amants désirent et personne ne leur a jamais enseigné l'abc de l'art de faire l'amour aux hommes en un langage clair, simple et peu embarrassant. J'espère être en mesure de le faire dans les pages qui suivent.

Que l'on ait peu ou beaucoup d'expérience sexuelle importe peu. Plusieurs femmes, comme plusieurs hommes, ont énormément d'expérience en ce domaine, ce qui ne les rend pas meilleures amantes pour autant. Ce livre abordera les aspects techniques, tout simplement parce qu'il *est nécessaire de posséder la technique*. La plupart des femmes n'ont pas conscience de l'importance de la technique. Elles prennent pour acquis que faire l'amour est une expérience naturelle et qu'elles sauront instinctivement comment s'y prendre. Ceci n'est vrai qu'en partie. Effectivement, chacune sait se laisser guider par son instinct, mais il y a beaucoup à apprendre sur ce qu'aime un homme, et quand, où et comment il l'aime. Les hommes ont le sentiment que les femmes manquent de savoir-faire dans certains domaines cruciaux, et ils sont souvent trop timides ou embarrassés pour le laisser savoir à leurs épouses ou à leurs amantes. Qu'il suffise de penser aux nombreuses femmes qui ont souffert en silence avant que les hommes comprennent leurs besoins physiques et émotionnels.

La technique est importante, mais l'art de faire l'amour relève en fait de la compréhension de la *totalité* des besoins de votre mari ou de votre amant. Cette totalité est constituée de besoins physiques, émotionnels et mentaux. Une sexualité riche, pleine et satisfaisante est l'une des bases du genre de relations intimes et durables que la plupart d'entre nous cherchons ou vivons en souhaitant qu'elles durent. Ce livre traite de la façon de parvenir à cet art particulier qu'est celui de faire l'amour par une bonne connaissance de *l'homme*, de façon qu'au bout du compte vous participiez *tous deux* à une expérience profonde, enrichissante et durable.

2.

Quelle est la grande différence entre un homme et une femme?

Les femmes sont romantiques et affectueuses. Les hommes aussi. Les femmes veulent des partenaires sensibles et doués d'imagination. Les hommes aussi. Les femmes aiment jouer un rôle passif. Les hommes aussi, parfois. Les femmes souffrent souvent d'insécurité. Les hommes de même. Mais, abstraction faite des caractères biologiques, il semble exister des différences profondes entre les hommes et les femmes lorsqu'il s'agit de leurs attitudes particulières face à la sexualité.

Baiser et faire l'amour

J'ai découvert, en parlant avec des centaines d'hommes, que la différence la plus frappante dans les attitudes provient de la distinction qu'effectuent plusieurs hommes entre "baiser" et "faire l'amour". Les hommes veulent parfois baiser et parfois faire l'amour, souvent sans être tout à fait conscients de cette dualité. Les femmes, pour leur part, même lors d'une relation temporaire ou occasionnelle, investissent habituellement dans leur vie sexuelle affection et attentions.

Il importe de retenir ceci: lorsque vous aurez compris le point de vue d'un homme, vous comprendrez beaucoup plus clairement ce qu'il veut et désire au lit.

Lorsqu'ils font l'amour, les hommes ressemblent beaucoup aux femmes. L'affection et l'attention revêtent une importance primordiale. Faire l'amour ne se réduit pas à atteindre une satisfaction physique, mais implique deux partenaires qui s'aident mutuellement à atteindre une plénitude émotionnelle et spirituelle. Lorsque vous avez fait l'amour, vous avez le sentiment d'avoir aussi bien donné que reçu. Il importe peu alors de savoir comment, quand et qui est parvenu le premier à l'orgasme, puisque faire l'amour n'est pas un acte purement physique, ce qu'*est*, par contre, baiser.

La plupart des hommes baisent d'abord et avant tout pour relâcher leurs tensions sexuelles et s'intéressent assez peu à ce que leurs partenaires font ou ne font pas. Baiser veut dire la même chose que "tirer un coup" et les hommes voient presque toujours dans cette activité une expérience physique totale. Celle-ci implique très peu d'affection ou d'attention mutuelle et elle se résout la plupart du temps en une activité unidimensionnelle, à sens unique et orientée vers eux-mêmes. (De même, certaines femmes compartimentent leur activité sexuelle en rapports affectueux et en rapports occasionnels et impersonnels, mais elles semblent constituer une infime minorité.)

Selon ma définition, baiser demeure une expérience presque exclusivement physique où les services sexuels sont achetés ou pratiqués, ce qui n'est pas une perspective très réjouissante. *À cette règle, il existe cependant une notable exception.* Le rapport sexuel purement physique peut être absolument extraordinaire si vous vous trouvez en compagnie de quelqu'un à qui vous tenez, parce qu'il s'y ajoute un élément de plaisir mutuel et de pure excitation physique. Mes amis Ed et Sally en sont un bon exemple. Ils forment un couple uni, affectueux et dévoué, marié depuis près de dix ans et parent de deux enfants. D'après Ed, ils font habituellement l'amour "affectueusement, attentivement, fréquemment et tout à fait l'un à l'autre. Mais parfois, poursuit-il, l'envie me prend. Peut-être à cause d'un surplus d'énergie ou parce que j'ai eu une journée difficile au bureau, mais alors je ne veux rien d'autre que du sexe, ce qui n'a rien à voir avec mes sentiments pour Sally. Je veux tout simplement me retrouver au lit et fourrer. Même si elle résiste de prime abord, elle se laisse habituellement emporter par ma trop grande détermination." Sally affirme pour sa part que "les premières fois, j'avais horreur de ça... mais peu à peu je me suis aperçue qu'en laissant mon corps prendre le dessus j'éprouvais une enivrante sensation de liberté. Je me contente de mettre ma tête au neutre et me laisse emporter par les sensations."

Trop peu de femmes, malheureusement, se permettent de comprendre et d'apprécier les aspects purement physiques de la sexualité, ce qui pousse plusieurs hommes à chercher leurs satisfactions sexuelles hors de leur foyer.

Nombre d'hommes affirment qu'ils veulent baiser ou faire l'amour plus souvent que leurs femmes ou leurs amantes. Les statistiques (tirées de *Beyond the Male Myth*) démontrent que 70 p. 100 des hommes interviewés veulent avoir idéalement des relations sexuelles au moins trois fois par semaine et qu'environ 50 p. 100 d'entre eux veulent en avoir davantage qu'ils n'en ont. Les auteurs poursuivent toutefois en affirmant que "la spontanéité et la variété sont plus importantes que la fréquence et sont en fait plus susceptibles de déboucher sur une fréquence accrue à mesure que les relations sexuelles deviennent plus plaisantes".

La dualité vierge/putain

À la base de la dualité faire l'amour/baiser, on découvre la dualité vierge/putain. Si l'on en croit l'adage, "un homme veut d'une femme qu'elle soit une dame dans son salon et une putain dans son lit". Nombre d'hommes, de nos jours, ne l'affirmeraient pas si brutalement, mais il n'en reste pas moins que le concept vierge/putain demeure très répandu, surtout chez les hommes de plus de trente-cinq ans. Ceci provient de racines psychologiques profondément ancrées qui ont trait à l'interdit qui recouvre chez l'homme les pensées sexuelles orientées vers sa mère (qui fait figure de vierge), à quoi s'opposent ses désirs sexuels acceptables quand ils se portent sur des femmes d'accès facile (telles les prostituées). La plupart des hommes font la synthèse de ces désirs lorsqu'ils arrivent à maturité, mais, abstraction faite de l'analyse psychologique, de nombreux hommes raffinés et intelligents aiment toujours sentir qu'ils ont une Brigitte Bardot dans leur chambre et une princesse Grace dans leur salon.

La plupart des hommes ne sont même pas conscients de ressentir des émotions conflictuelles face à la sexualité des femmes et celles-ci, dans plusieurs cas, préfèrent ignorer la confusion qu'elles perçoivent chez les hommes. ''Je croyais avoir réussi mon mariage, affirme une femme qui a dû faire face à cette façon de penser ambivalente des hommes. Mon mari m'a traitée comme une déesse jusqu'à ce qu'il se lasse de sa propre abstraction. Puis il a foutu le camp avec une serveuse. Je me suis aperçue, dit-elle rétrospectivement, que j'ai accepté de jouer le rôle qu'il m'avait assigné.''

Si votre mari ou votre amant éprouve des sentiments ambivalents au sujet de la sexualité féminine, il est préférable d'aborder franchement le sujet. Vous vous apercevrez peut-être qu'il sera surpris, soulagé et reconnaissant que vous les ayez identifiés. Efforcez-vous en outre de ne pas partager *sa* vision des femmes. S'il ne vous permet pas d'exprimer vos sensations érotiques instinctives, signe de bonne santé, soyez consciente qu'il s'agit là d'un symptôme de la dualité vierge/putain. *Discutez* du problème avec lui avant que vos rôles ne se cristallisent et que vous ne représentiez une vierge irréelle ou une femme qu'il ne montrera pas en public. Je souhaite que les idées abordées dans ce livre contribuent à libérer tant les hommes que les femmes du confinement facile dans un rôle qui limite leur sexualité. Comme l'affirme un homme de ma connaissance, de bonnes relations sexuelles sont ''un mélange de ravissement et de luxure''.

3.

Six surprises: les grandes craintes sexuelles des hommes

Les femmes s'inquiètent beaucoup lorsqu'il s'agit de la vie sexuelle. Me croira-t-il trop délurée? Mes seins tombent-ils trop? Est-ce que mon odeur est étrange? Ma cellulite m'interdit-elle de m'exhiber sur une plage? Vais-je un jour parvenir à ce mystérieux orgasme multiple?

Les hommes éprouvent aussi des sentiments d'insécurité, bien que plusieurs d'entre eux croient se rabaisser en exprimant leurs problèmes, leurs inquiétudes et leurs peurs. En posant des questions, toutefois, et en écoutant attentivement, vous constaterez que les soucis sexuels des hommes sont très différents des vôtres et peuvent provoquer chez eux davantage d'anxiété.

Le format

Freud pensait que les femmes désiraient posséder un pénis, mais je crois, pour ma part, qu'il visait la mauvaise cible. "Je sais que c'est faux, affirme un homme, mais je suis comme la plupart des hommes. Même si nous sommes mieux informés, au fond nous avons l'impression que nous sommes davantage des hommes si nous avons un gros pénis." "Au gymnase, affirme pour sa part un avocat de Chica-

go, chacun examine chacun. Mais vous devez veiller à ce que personne ne s'en aperçoive, sinon vous passerez pour une tapette."
"On vérifie la queue des autres gars, m'explique le fils collégien d'une amie, parce qu'on veut savoir où se trouve la compétition."
"Quand nous avions huit ans, rappelle pour sa part un autre homme, mon meilleur ami et moi avons mesuré nos bizounes avec une règle. La mienne était plus longue." Cet homme a maintenant trente-sept ans, mais sa voix trahit un reste de fierté.

En réalité, bien que les pénis soient de tailles différentes lorsque flasques, ils se ressemblent davantage en érection. La taille *moyenne* d'un pénis en érection est de 15 cm (6 pouces).

Vous courez un risque en y allant d'une déclaration sur le pénis d'un homme. Il est possible qu'il se sente mal à l'aise en ayant l'impression que vous attachez une réelle importance au format (et que vous procédez à des comparaisons); quel que soit le format de son pénis, il sentira peut-être qu'il n'est pas adéquat. Il est préférable de suivre cette règle: dire la vérité ou ne rien dire du tout. Si vous avez le sentiment que la taille de son pénis est inférieur à la moyenne, il vaut mieux ne pas lui lancer "Qu'il est gros!", parce qu'il percevra votre manque de sincérité. Mais aucun homme ne vous reprochera de vanter son pénis.

Quelques hommes s'inquiètent de ce que leur pénis est *trop* gros et craignent de faire mal à leurs partenaires. Le cas se présente rarement, puisque la plupart des vagins ont la capacité de se dilater suffisamment pour accommoder tous les formats.

L'impuissance temporaire

La peur de l'impuissance est peut-être la peur la plus paralysante à laquelle un homme ait à faire face. "Lorsque vous êtes pris pour bander, fait remarquer un menuisier, vous n'avez pas le choix puisque ça se voit." De l'adolescent qui panique à l'idée de bander au moment crucial, au vieillard qui s'inquiète précisément de la même chose, aucun homme n'est immunisé contre cette peur. "*Aucun homme ne bande à volonté*", écrivent Masters et Johnson (les italiques sont les leurs). La *peur* de l'impuissance est la principale cause de l'impuissance. Vous et votre partenaire avez la capacité d'agir de façon à surmonter la peur de l'impuissance et l'impuissance temporaire. Les chapitres 8 et 13 en traitent plus en détail.

Rester bandé

Dans le même ordre d'idées que l'anxiété face à l'impuissance, les hommes ont très souvent peur d'être incapables de donner leur pleine mesure sur le plan sexuel. "Non seulement devons-nous bander, souligne un homme, mais nous devons conserver notre érection." Il se peut qu'il n'éprouve aucune difficulté à bander, mais il se peut aussi que ses contacts sexuels génèrent chez lui une forte anxiété s'il s'inquiète de la qualité de sa performance ou, pire encore, s'il craint d'être rejeté à cause de ses déficiences sexuelles.

L'éjaculation précoce

Les hommes craignent aussi habituellement l'éjaculation précoce. "J'ai toujours peur d'atteindre l'orgasme en dix secondes, conscient qu'une telle éventualité brouillerait les cartes. Le simple fait d'y penser se transforme souvent en prophétie à mon détriment. Puis je me fais du mauvais sang en songeant à la frustration que doit alors ressentir ma partenaire", affirme un homme qui a trouvé la solution à ce problème en consultant un thérapeute sexuel et en apprenant à contrôler ses éjaculations. (Il arrive souvent, toutefois, qu'un couple consulte simultanément un thérapeute. Pour régler le problème de l'éjaculation précoce, il suffit souvent d'en apprendre les techniques de contrôle qui sont simples et s'acquièrent en peu de temps.)

"Suis-je une tapette?"

Certains hommes craignent de découvrir un matin, au réveil, qu'ils sont des homosexuels. Ils croient qu'ayant succombé à un fantasme momentané ou à un désir imaginaire (quand ce n'est pas à une aventure homosexuelle), ils font secrètement et irrévocablement partie de la confrérie. Qu'ils soient rassurés d'apprendre que les recherches indiquent que nous éprouvons tous à des degrés divers des attirances bisexuelles et que celles-ci ne signifient pas le moins du monde que l'homosexualité deviendra pour eux un mode de vie.

Le vieillissement

Bien que la plupart des hommes soient anxieux à l'idée de perdre leurs cheveux ou d'acquérir une bedaine, ils craignent bien davantage en vieillissant de n'être plus capables d'être à la hauteur au lit. Il est vrai que les hommes parviennent à l'apogée de leur puissance sexuelle à dix-huit ans, mais Kinsey a démontré qu'à soixante ans l'homme moyen a des relations sexuelles une fois par semaine en moyenne. Et puisqu'il s'agit dans ce cas de l'homme *moyen*, plusieurs hommes ont des relations sexuelles plus fréquentes à cet âge. Des études récentes ont démontré de plus qu'un homme en santé peut demeurer sexuellement actif jusqu'à la fin de sa vie.

Les hommes éprouvent d'autres craintes, comme celle de voir s'épuiser leur production de sperme, puisqu'il s'agit d'un "fluide vital", d'une quantité limitée, qui risque d'être dispersé. La production de sperme diminue effectivement avec l'âge, mais ne s'arrête jamais complètement.

Personne, en ce monde, n'est à l'abri de la peur. Consciente de celles que la plupart des hommes éprouvent, vous serez en mesure de contribuer à tenter de les alléger ou, mieux encore, de les éliminer. En comprenant que les hommes ne sont pas des machines sexuelles parfaitement réglées et en vous éveillant à leurs problèmes particuliers, vous accomplirez un pas de géante dans le sens d'une rupture des barrières qui se dressent sur le chemin de l'amour et de l'intimité.

4.

Accordez-vous la permission

> *Les femmes sont trop crispées.*
> *Les femmes ont souvent leur sexe dans la tête.*
> *Si elles se contentaient d'agir selon leur instinct,*
> *plutôt que de réfléchir sans cesse,*
> *elles s'en tireraient beaucoup mieux.*
> *Les femmes aiment raconter qu'elles sont sensuelles*
> *et déchaînées au lit, mais en fait*
> *très peu d'entre elles le sont.*
>
> Deux hommes anonymes

Ce chapitre traite de la libération. Il s'agit de vous libérer et de vous ouvrir l'esprit au plaisir, de façon à dispenser à l'homme un plaisir complet. Il s'agit de vous abandonner à la passion sans entendre les voix du passé qui vous murmurent que "les filles bien n'éprouvent pas ce genre de sentiments, ne font pas ces choses-là".

Il tombe sous le sens qu'une femme dont les peurs, les préjugés et les inhibitions lui commandent "d'arrêter" à chaque pas risque peu de s'aventurer très loin sur le chemin de sa plénitude sexuelle ou de celle de son partenaire. Si vous avez été élevée à croire, par exemple, que les organes génitaux sont dégoûtants, vous éprouverez de la difficulté à caresser le pénis de votre amant d'une façon qui vous soit agréable à tous deux, et bien davantage à vous servir de votre bouche avec imagination et sensualité. Si vous avez été programmée à ne voir dans la sexualité qu'un "devoir conjugal", qu'il faut accomplir dans la noirceur avec aussi peu de fioritures que possible, comment parviendrez-vous à atteindre la détente physique et émotive propre à faire de l'amour une expérience unique dans la grisaille quotidienne? La femme qui s'accorde à elle-même la permission de vivre pleinement sa sexualité donne à l'homme un plaisir extraordinaire.

Qu'est-ce qui vous empêche de vivre pleinement votre sexualité? Peut-être avez-vous été, à l'instar de plusieurs d'entre nous, soumise à un entraînement plus ou moins subtil du genre "fille honnête". Si vous vous sentez encore mal à l'aise à l'idée de téléphoner à un homme la première, vous croyez peut-être toujours, à un niveau ou à un autre, que vous êtes supposée attendre que l'homme prenne toutes les initiatives. De nos jours, on ne recommande plus tellement aux jeunes mariées de "s'étendre et d'attendre que ça se fasse", mais plusieurs d'entre nous, surtout celles qui ont un certain âge, ne sont pas toujours capables de se sentir libres, spontanées ou confortables face à leur propre sexualité. Le message subliminal dépassé occupe toujours les replis de notre cerveau: les filles honnêtes n'apprécient pas la sexualité.

Les femmes sont par ailleurs constamment en présence de messages contradictoires et aussi puissants les uns que les autres. Où que vous regardiez, des articles vous expliquent comment apprécier davantage et encore davantage la sexualité. Les films et la télévision véhiculent l'idée que la sexualité est le paradis de l'existence et que les mauvaises filles éprouvent davantage de plaisir. Les psychiatres et les thérapeutes affirment qu'il est nécessaire d'apprécier la sexualité et d'y participer de tout coeur si l'on veut parvenir au bien-être mental et physique. Il n'est donc pas surprenant que les femmes soient tiraillées entre deux tendances. Ainsi que le souligne la recherchiste d'un magazine, "nous avons grandi avec une certaine idée de la sexualité, mais, de nos jours, on nous chante une tout autre chanson. Il n'est pas surprenant qu'une femme mûre et intelligente puisse se sentir confuse, voire paralysée, lorsqu'elle se retrouve au lit avec un homme."

Si vous décelez en vous-même ce tiraillement, l'une des façons d'y mettre un terme consiste à affronter la sexualité par petites bouchées. Lisez d'abord le plus possible sur le sujet. L'acquisition d'informations concrètes et spécifiques sur ce qu'il faut faire, de quelle façon, et quand, vous aidera à réduire votre anxiété. Si vous avez l'impression que vos inhibitions affectent sérieusement vos rapports avec votre mari ou votre amant, n'hésitez pas à consulter un thérapeute ou un conseiller sexuel. Quelques sessions suffiront souvent à identifier vos problèmes et vous aideront à modifier votre attitude. Les chapitres qui suivent devraient de plus vous aider à démystifier la sexualité et à atténuer votre anxiété. Vos lectures et vos recherches vous apprendront que rien, dans la sexualité, n'est *mauvais* (à moins que ça ne soit dommageable à vous-même ou à autrui). Rassurée et informée, vous devriez être en mesure de commencer à affronter d'une façon beaucoup plus détendue les réalités de la chambre à coucher.

N'agissez *que* selon votre plaisir puis, en faisant très attention, amorcez l'exploration d'autres possibilités en vous rappelant toujours qu'en y allant peu à peu vous serez moins susceptible de vous sentir dépassée ou nerveuse. Si votre mari ou votre amant vous dit ou vous fait comprendre qu'il aimerait essayer quelque chose à quoi vous n'êtes pas prête, expliquez-lui honnêtement que vous n'en êtes pas là *pour l'instant*. Si vous avez été programmée depuis toujours avec l'idée que "les filles bien ne font pas *ça*", ne vous attendez pas, vos inhibitions disparues, à devenir une femme sensuelle et libre du jour au lendemain. Vous serez sans doute rassurée de savoir qu'un nombre impressionnant de femmes (et d'hommes aussi) éprouvent des problèmes à se laisser aller et à se sentir libres dans leur vie sexuelle. Les émotions conflictuelles peuvent elles aussi freiner vos élans sexuels. Si vous êtes fâchée contre votre partenaire et n'avez pas résolu ces sentiments négatifs et hostiles, il est presque impossible de garder une attitude ouverte et réceptive face à la sexualité.

Faire l'amour signifie de plus que vous vous accordez la permission de courir le risque de vous impliquer avec une autre personne de la façon la plus intime et la plus complexe, et de permettre à cette personne de vous connaître totalement. Faire l'amour est un acte intime qui, lorsqu'il se répète avec la même personne durant un certain laps de temps, peut exposer et révéler des strates de plus en plus profondes chez chacun, créant ainsi un lien des plus étroits et des plus significatifs.

Pénétrer dans l'intimité de quelqu'un implique la peur d'exposer à la vue de cette personne son intimité la plus profonde. La peur constitue en fait le principal obstacle au plaisir sexuel: la peur de se faire mal physiquement ou émotivement, la peur d'approcher quelqu'un, la peur d'être rejeté, la peur de commettre un impair, la peur d'être ridicule, indésirable, incompétent, malhabile, insensé, laid, insensible, pour n'en nommer que quelques-unes. Prenez conscience que vous éprouvez *tous les deux* des peurs et que vous êtes *tous les deux* vulnérables. Comme le faisait remarquer un homme: "Pour que la sexualité soit ce qu'elle pourrait être, vous ne pouvez vous contenter de déshabiller votre corps. Vous devez aussi vous dévêtir de vos émotions, ce qui implique une bonne dose de vulnérabilité. Si vous êtes capable de courir le risque émotionnel et physique, vous vous donnez la possibilité d'une sexualité de grande qualité."

5.

De l'agressivité

Associé dans une firme respectable de courtiers de Houston, Stewart a l'habitude de diriger des centaines de personnes et de manipuler des millions de dollars chaque jour. Grand veuf de cinquante-deux ans d'allure athlétique, homme séduisant, il est l'un des meilleurs partis du Texas. Il agit de plus comme président honoraire de l'une des compagnies de collecte de fonds les plus importantes de Houston. Il y a plusieurs mois, un mardi matin, il se retrouva nez à nez dans son bureau lambrissé d'acajou avec une journaliste de l'un des quotidiens de la ville.

"Elle m'interrogea sur la collecte de fonds en cours, sur les prévisions, le pourcentage des coûts d'administration, les photographies de mes enfants qui se trouvaient sur mon bureau, et sur mes intentions pour le souper de ce soir-là. Jamais une femme ne m'avait fait aussi directement d'avances, et j'en fus charmé. Nina fit tous les arrangements et m'emmena comme un enfant à son restaurant du coin préféré. Elle choisit même le vin. Je n'avais jamais rencontré une femme assez audacieuse pour agir de la sorte avec moi. Lorsque je lui demandai l'addition, le garçon me répondit que tout était déjà réglé. Plus tard, je découvris que Nina avait demandé qu'on la lui envoie chez elle."

"Stewart était si impliqué dans ses affaires qu'il s'est à peine aperçu que j'étais une femme, explique Nina. Mais il me semblait très intéressant. Le pouvoir attire, vous savez... Mais si nous nous entendons si bien, c'est que nous savons tous deux provoquer l'événement. Nos relations seraient restées au point mort si je n'avais pas fait le premier pas."

Récemment, ils ont passé deux jours romantiques à la retraite de Stewart dans les montagnes et deux jours tout aussi romantiques à peinturer la cuisine de Nina.

"Nina sait autant ce qu'elle veut et elle est aussi agressive au lit que partout ailleurs, affirme Stewart. Pour un homme de mon genre, s'allonger et laisser une femme prendre l'initiative constitue une expérience nouvelle et excitante."

Après plusieurs mois d'entrevues à propos de sexualité, je me suis aperçue que, fois après fois, l'expression "femme agressive" provoquait des réactions terriblement émotives, surtout de la part des femmes. Un nombre surprenant de celles-ci ont l'impression, dans leur for intérieur, qu'elles seront perçues comme menaçantes, peu féminines, agressives, ambitieuses, en un mot comme des éteignoirs, si elles prennent l'initiative ou laissent entendre à leur mari ou à leur amant ce qu'elles désirent. Gay Talese, qui a consacré neuf ans à ses recherches avant d'écrire *Thy Neighbor's Wife*, n'est pas d'accord. Dans une entrevue accordée au magazine *Self*, il affirme:

> Les hommes ont besoin d'aide. Plusieurs d'entre nous sont passifs. Je crois que la plupart accepteraient volontiers des femmes plus agressives. Une femme qui n'est pas inhibée quand vient le temps de prendre en charge son propre plaisir sexuel, ainsi que celui de son partenaire qu'il s'agisse de faire les premiers pas dans le contexte social ou de s'affirmer dans l'acte sexuel lui-même représente un bienfait pour l'homme et non pas une menace.

Il ajoute de plus que:

> Nombre de femmes ont l'impression qu'un homme se sentira menacé si elles s'affirment ou font les premiers

pas sur le plan sexuel. Si elles agissent de façon subtile et intelligente, aucun homme ne devrait jamais s'en sentir menacé. S'il se sent menacé, c'est qu'il s'agit d'un homme qui trouve son réconfort en rejetant le blâme sur les femmes plutôt que sur le véritable coupable: lui-même.

Presque tous les hommes avec qui j'ai parlé abondent dans le sens de Gay Talese. Un producteur de films bien connu, et d'une très grande expérience, affirme: "J'aime qu'une femme soit agressive. À mes yeux, l'agressivité signifie l'affirmation de soi, l'action, l'absence de passivité, une façon de penser positive, et il s'agit là d'une indéniable qualité. Je pense que les choses se gâtent lorsqu'une femme tente de devenir la figure dominante dans une relation. Elle peut l'être une partie du temps, mais il faut en arriver à un sain équilibre."

L'administrateur d'une chaîne de magasins du Middle West américain, heureusement marié depuis huit ans à, selon son expression, "une femme que la plupart des gens trouveraient profondément agressive", définit une femme agressive comme "une femme qui a le sens de sa propre entité, ce qui est, comme vous le savez, une qualité positive". Le mot "agressive", tel qu'il s'applique aux femmes, est utilisé par les hommes, ainsi qu'il le fait remarquer, pour les mauvaises raisons. "Au fond, ce n'est pas tant l'idée d'une femme agressive qui terrorise les hommes, mais celle de la femme qui ne joue pas son rôle passif traditionnel. De nos jours, le mot "agressive" cache un piège, celui, fondamental, d'avoir à faire face à une partenaire qui soit leur égale."

Comment exactement faire comprendre à un homme ce que vous voulez, tout en tentant de lui donner ce que vous le soupçonnez de vouloir, sans être agressive de façon négative ou sans agir de façon rebutante? En vous servant de votre intelligence, de votre sensibilité et de votre féminité. Ceci signifie, et j'insiste, que vous ne faites *pas* semblant, n'agacez pas, ne manipulez pas, ne vous soumettez pas et ne jouez aucun rôle. Vous êtes l'essence même de la *femelle*, l'essence de vous-même, parce qu'au bout du compte la réponse physiologique et psychologique du mâle dépend de la féminité. Il ne peut s'apprêter à faire l'amour, à moins d'être stimulé par une présence féminine. Un homme l'explique ainsi: "Je veux aller au lit avec une femme féminine et elle peut être agressive. Il existe une façon d'être agressive, une forme d'agressivité *femelle*. Au fond, il s'agit simplement d'une nouvelle manière d'affirmer qu'une femme moderne peut être séduisante, et c'est merveilleux. Il existe une forme d'agressivité mâle dure et dominante qui ne manque pas d'intérêt, mais si je cherchais ce genre d'agressivité, je coucherais avec un homme."

Les hommes affirment que l'une des façons les plus efficaces pour une femme de marquer son intérêt est de *regarder un homme directement*. Cette façon d'agir peut sembler simple, mais nombre de femmes la trouvent extrêmement difficile. Elles évitent de regarder un homme directement dans les yeux, parce qu'elles y voient quelque chose d'effronté. Nombre d'hommes ont le sentiment qu'en regardant de leur côté et en *soutenant* leur regard une femme établit le premier contact d'une façon très séduisante. Cette forme de contact direct s'appelle aussi regard de chambre à coucher. "Une femme qui capte mon regard me dit qu'elle aimerait me connaître mieux, affirme un homme. Si elle m'intéresse, je peux facilement trouver le moyen de lui parler, ou l'inviter à prendre un verre; dans le cas contraire, je n'ai qu'à regarder ailleurs. Personne n'est blessé; personne ne se sent rejeté."

Parlant du regard, les hommes soulignent qu'en les regardant directement vous leur faites un compliment, surtout si vous souriez en même temps. Si vous regardez un homme dans les yeux puis fixez ensuite ses organes génitaux, vous allez trop loin. Un tel comportement, plutôt que d'être séduisant, relève tout au plus de la vulgarité.

Une autre façon de marquer votre intérêt pour un homme consiste tout simplement *à lui parler*. L'une des femmes futées que j'ai interrogées recommande un truc dont se servent souvent les femmes fatales du cinéma: demeurez complètement immobile et fixez-le des yeux. Vous n'êtes pas obligée d'attendre qu'il prenne l'initiative de vous parler. Amorcez une conversation à partir de la situation telle qu'elle se présente. Ne lui parlez *pas* de vous. Demandez-lui ce qu'il pense du tableau qui se trouve dans le coin, ou des hors-d'oeuvre qu'on vous sert, ou dites-lui que son eau de Cologne vous plaît, de quelle marque s'agit-il? Une autre femme séduisante croit que le fait de parler de votre travail lorsque vous venez de rencontrer quelqu'un risque de le faire fuir dans une autre direction. "Demandez-lui qui lui coupe les cheveux, recommande-t-elle. C'est plus sûr."

Une autre approche que les hommes trouvent parfois séduisante consiste à les aborder en utilisant les vieux clichés qui peuvent mener avec humour à une conversation plus élaborée. Un homme aborde habituellement une femme en lui offrant du feu. Renversez les rôles et offrez-lui-en à votre tour. D'autres phrases qui ont eu leur part de succès: "J'aimerais vous offrir une tasse de café" ou "Puis-je vous offrir un verre?" Rappelez-vous simplement de vous servir de la phrase appropriée. "Je me suis déjà retrouvée à un cocktail mortellement ennuyeux dans le bar d'un motel minable, raconte une femme d'affaires. En désespoir de cause, je me suis tournée vers le seul homme qui semblait intéressant dans la pièce et je lui ai demandé: "Qu'est-ce qu'un homme comme vous peut bien faire dans un endroit pareil?" Quatre ans plus tard, nous sommes toujours des amis."

Une autre façon de laisser savoir à un homme qu'il est l'objet de votre intérêt consiste à vous placer à proximité de lui en envahissant *délicatement* son territoire. Une femme séduisante décrit cette approche utilisée au cours d'un party: "Approchez-vous continuellement de lui, tout en vous concentrant sur autre chose, quelqu'un, un tableau ou un rayon de bibliothèque. Puis arrangez-vous pour vous asseoir près de lui ou pour être debout à ses côtés et vous vous retrouvez ainsi un peu trop près. Vous envahissez directement son territoire personnel. Vous savez, n'est-ce pas, de quelle façon les pigeons se tiennent à distance les uns des autres lorsque vous les apercevez perchés sur des fils téléphoniques? Si l'un des pigeons se déplace, tout est bouleversé. *Vous* êtes celle qui bouleverse tout pour attirer son attention. Il le sentira et, s'il est intéressé, réagira en conséquence."

Une façon plus audacieuse, plus imaginative, de faire comprendre à un homme que l'idée de le connaître mieux vous ravit consiste à lui envoyer quelque chose. Des fleurs ou une plante peuvent souvent être une façon idéale de dire ce qu'il peut vous sembler difficile d'exprimer verbalement. La directrice d'un magazine, qui se sentait mal à l'aise à l'idée d'entrer directement en contact avec un homme, décida d'envoyer un lys à longue tige, accompagné d'une carte l'invitant à dîner, au médecin qu'elle venait de rencontrer. Celui-ci trouva le geste très séduisant. "C'était la première fois qu'une femme m'envoyait des fleurs ou, plutôt, une fleur, et j'ai beaucoup apprécié. Cela m'a fait penser qu'elle était inhabituelle, qu'elle agissait différemment des autres. Elle ne pouvait mieux agir."

Peu importe ce que vous lui envoyez, faites preuve d'imagination et soyez *personnelle*. Qu'il s'agisse de muffins frais ou de pain aux bananes déposé à son bureau à temps pour la pause café du matin, d'un mélange de café spécialement moulu à l'intention d'un amateur de café, d'une livraison spéciale de crème glacée tard en soirée à un maniaque de sucreries, de l'affiche d'une exposition destinée à un amateur d'art, ou de pâtes maison offertes à qui les aime, la liste est virtuellement infinie. *Ce* que vous envoyez et *comment* vous l'envoyez (par la poste, un messager, un service de messageries, un scout ou une guide de votre quartier, ou même par pigeon voyageur) indique quel genre de personne *vous* êtes et lui dit que vous avez pris le temps de réfléchir au genre d'homme qu'*il* est. De tels gestes, loin d'être agressifs, lui inspirent de l'affection.

Les hommes ont des idées bien arrêtées sur ce qui est peu séduisant. Les gestes et les attitudes trop crus, trop évidents, trop insensibles, provoquent une réaction très négative et les hommes les qualifient d'agressifs et d'ambitieux. D'après les hommes que j'ai interrogés, voici quelles sont les approches les plus rebutantes.

L'étau

Celle qui exerce une pression constante sur un homme. Elle téléphone *toujours* et lui fait *toujours* la cour. Quelle solution s'offre à lui? Trouver une autre femme qui lui laissera du moins en partie la responsabilité de leur relation. Une relation implique *deux* personnes qui agissent de concert de façon que quelque chose se passe entre eux et ce, dès le départ.

L'assaillante

C'est le genre de femme que les hommes trouvent le moins attirant. "J'ignore ce qui se passe avec certaines femmes, mais il arrive qu'on me prenne d'assaut directement entre les jambes, affirme un homme. Peut-être est-ce l'effet du mouvement de libération des femmes et elles croient qu'elles doivent être directes. Mais je n'aime pas ça. Pourquoi ne glisse-t-elle pas plutôt la main dans mes poches si elle veut aller dans cette direction?" "Je ne veux pas que ma compagne me traite comme un objet sexuel, souligne un autre homme. Je n'ai pas d'objection à ce qu'elle y aille d'abord d'un geste léger puis peut-être à ce qu'elle recommence de façon que ses intentions soient claires, mais je ne veux pas qu'elle aille si rapidement droit au but!"

L'enveloppante

Celle qui, en public, se pend littéralement au cou, aux épaules ou à toute autre partie d'un homme. "Même si j'étais très attiré par une femme, je ne crois pas que je pourrais réagir si elle venait s'accrocher à moi d'une façon suggestive lorsque d'autres personnes sont présentes, affirme un homme. Ce n'est pas une conduite convenable."

L'écrasante

Elle appartient à la même famille que l'enveloppante. "Une femme qui vient s'asseoir sur moi durant un party m'embarrasse", affirme un homme et plusieurs autres sont d'accord. "Peut-être est-ce dû à ma crainte de bander, mais je crois que c'est surtout parce qu'ainsi une femme en fait trop. Lorsque nous sommes seuls à la maison et que la compagne avec qui je suis impliqué vient s'asseoir confortablement sur moi, c'est une autre histoire. J'adore ça."

L'embrasseuse envahissante

Un baiser peut être affectueux, amical, romantique, sensuel, érotique. Il s'agit de la rencontre de deux paires de lèvres. Si l'une de ces paires insiste trop, il s'agit d'un envahissement.

L'indécise

Celle qui donne l'impression de manquer d'assurance et de confiance en soi. "Dites aux femmes de n'être ni indécises ni timides à propos de ce qu'elles font, ou touchent, ou disent lorsqu'elles sont avec un homme, recommande un célibataire, sinon celui-ci a l'impression qu'elle éprouve des sentiments ambivalents par rapport à ce qu'elle fait et qu'elle a peut-être dans l'idée qu'elle ne devrait pas se trouver là parce qu'elle fait quelque chose de mal." Selon un autre célibataire: "Une femme qui n'est pas sûre d'agir comme il faut transmet cette incertitude à son partenaire et il en résulte habituellement le contraire de ce qu'elle souhaite."

L'inopportune

Un dernier trait, que l'on retrouve trop souvent chez les femmes, agit comme un repoussoir et semble poser un problème à tous les hommes: c'est l'absence du sens de l'opportunité. Quelle que soit votre approche, vous n'obtiendrez jamais de résultats si vous êtes insensible aux désirs ponctuels de votre homme. Si subtile, si romantique et si provocante puissiez-vous paraître aux yeux d'un homme, lorsqu'il s'apprête à partir pour sa partie de football, son entraînement au gymnase ou son rendez-vous avec un vendeur d'autos, s'il ressemble à la plupart de ses semblables, il ne sera pas intéressé: il a autre chose en tête. Mettez-vous à sa place. Si vous vous apprêtiez à aller au musée ou à magasiner avec votre meilleure amie, changeriez-vous d'idée si votre homme avait envie de vous faire l'amour? Peut-être que oui, peut-être que non, mais il s'agit là, semble-t-il, de l'une des différences intéressantes entre les hommes et les femmes!

6.

La préparation: se sentir sexy

Si vous demandez à cent hommes la signification du mot *sexy*, quatre-vingt-dix-neuf d'entre eux répondront quelque chose comme "la confiance en soi" ou "l'assurance". Le centième répondra toujours "de gros tétons". Je ne crois pas que ces quatre-vingt-dix-neuf hommes mentent. Ils n'attachent réellement pas tant d'importance au fait qu'une femme soit belle ou qu'elle ait une silhouette de déesse. Ils croient vraiment qu'une femme sexy est celle qui a confiance en soi et qui se sent bien dans sa peau.

Il est étonnant de constater que plusieurs d'entre nous ne se sentent ni attrayantes, ni désirables, ni à l'aise dans leur corps. Ainsi Suzanne, une secrétaire de direction de trente ans dont la beauté est très réelle avec sa chevelure auburn frisée et ce genre de peau de porcelaine lisse dont nous rêvons toutes, affirme-t-elle: "Je me sens sexy lorsque je suis vêtue. Mais dès que je me déshabille, je deviens consciente de la largeur de mes hanches. Je consacre trop de temps et d'énergie à m'en cacher à mon amant."

Plusieurs femmes éprouvent le même sentiment. Elles préfèrent la pénombre ou la noirceur lorsqu'elles font l'amour. D'autres hésitent à expérimenter de nouvelles positions, de crainte d'exposer trop de chair et trop peu de tonus musculaire. Bref, plusieurs femmes ne se croient pas sexy.

Jetons donc un coup d'oeil sur les mots qu'utilisent les hommes lorsqu'ils tentent de définir ce qui est sexy:

confiante	coquette
ayant du sang-froid	soignée
intelligente	en bonne santé
sûre d'elle-même	attrayante
amicale	réelle
féminine	ayant bonne mine
à l'aise dans son corps	

Ainsi, contrairement à ce qu'affirment les médias, il n'est nécessaire ni d'être superbe ni d'avoir un corps parfait pour être véritablement sexy. Nos anxiétés et nos peurs sont la plupart du temps décuplées lorsque nous regardons la télévision ou feuilletons de volumineux magazines glacés consacrés à la mode puisqu'ils nous laissent entendre que les personnes qui ont de superbes visages et des corps magnifiques sont seules sexy et capables d'éprouver du plaisir. "Si vous vous *sentez* sexy, les hommes auront l'impression que vous l'êtes", affirme une grande séductrice, et je connais au moins trois hommes qui voient en elle la créature *la plus sexy* qu'il soit possible d'imaginer. Cette femme bouge comme si elle avait un corps extraordinaire, bien que ses hanches soient plus que généreuses et qu'elle ne provoquerait pas un attroupement en montrant ses jambes.

Comment parvient-on à se sentir sexy? Tout simplement de cette façon: plus vous serez confortable et bien dans votre peau, plus vous vous sentirez sexy et attrayante. *Pour être sexy, vous devez vous sentir sexy.*

Seul un nombre infime d'individus possède un corps exceptionnel et/ou un visage sans défaut, et il importe de s'en souvenir. Sinon, vous êtes susceptible de tomber dans l'un des pièges terriblement communs que vous vous tendrez à vous-même au sujet de votre apparence: le piège selon lequel "ou bien je suis extraordinaire, ou bien je suis moche"; le piège selon lequel "il va remarquer mes défauts"; le piège, enfin, de procéder à d'incessantes comparaisons. Il existera *toujours* quelque part un corps ou un visage plus beau que le vôtre; si vous adoptez à votre propre sujet un point de vue négatif, vous croirez inévitablement que vous n'êtes pas conforme à la norme et vous sentirez constamment inadéquate et dépourvue d'attraits.

Maintenant que vous connaissez les pièges, imaginez que vous n'êtes toujours pas satisfaite de votre apparence. La solution la meilleure, la plus rapide et la plus efficace consiste à amorcer un régime sévère et/ou un programme d'exercices physiques. Dès le départ, vous commencerez à vous sentir plus sûre de vous et plus sexy.

Lorsque vous entreprenez un programme d'exercices, il est temps d'examiner d'un oeil critique différents autres facteurs. Votre maquillage évolue-t-il ou en êtes-vous restée à une autre époque, ainsi qu'il arrive à certaines femmes? Celles-ci se satisfont d'une apparence démodée où les yeux de biche font bon ménage avec des lèvres brunes. Il en va de même avec votre chevelure: a-t-elle une allure contemporaine? A-t-elle une apparence propre et soignée? Portez-vous une attention particulière à vos mains et à vos pieds? Quels que soient leur classe sociale ou leurs revenus, les hommes répètent les uns après les autres qu'ils s'attardent à des détails tels que maquillage, chevelure, ongles et peau. Ils ne cherchent pas nécessairement la compagnie de femmes resplendissantes, mais préfèrent à coup sûr celles qui se donnent la peine de paraître à leur avantage. Un homme résume la situation ainsi: "Je regarde les détails, ceux qui indiquent de quel genre de femme il s'agit. Une femme qui prend soin d'elle-même et de son corps contribue grandement à se rendre sexy." Ce souci et cette attention ne signifient pas complaisance; ils contribuent à vous faire sentir sexy. Si vous vous *sentez* sexy et exquise, vous projetterez cette image.

Vous pouvez projeter de même cette image d'une façon très précise en commençant dès maintenant à pratiquer des exercices pelviens. En contrôlant vos mouvements pelviens, vous vous sentirez, et vous serez, plus sexy.

Le contrôle pelvien, secret de la femme sexy

Ainsi que l'explique un homme dont l'oeil connaisseur hante les discothèques de Manhattan: "Vous pouvez habituellement comprendre qu'une femme sait très bien faire l'amour à sa façon de danser. Son derrière bouge avec beaucoup de sensualité et ses hanches oscillent tandis que ses épaules restent immobiles. Quand j'aperçois une de ces femmes, je sais qu'elle s'y connaît. Je ne me suis encore jamais trompé lorsque je suis parvenu à faire connaissance."

Il n'est pas nécessaire d'être une reine du disco pour bouger son bassin comme il convient. Avec de la concentration et du travail, vous pouvez l'apprendre. À New York, la directrice d'un important studio de conditionnement physique, une femme qui s'y connaît, croit sans réserve à la nécessité du contrôle pelvien, non seulement pour le bien-être du corps dans sa totalité, mais aussi pour le bien-être des relations sexuelles. En classe, elle met l'accent sur l'inclinaison du bassin, sa rotation (un mouvement qui ressemble beaucoup au va-et-vient), de même que sur le contrôle musculaire, tous exercices qui confèrent une aisance et une liberté de mouvement aux membres inférieurs. Prenez le temps chaque jour de pratiquer des exercices pelviens; les résultats vous récompenseront amplement de votre peine, ainsi que ne manquera pas de vous le dire votre homme.

Le premier exercice de contrôle pelvien vise à raffermir et à détendre les muscles internes qui entourent le vagin, de façon que votre partenaire éprouve des sensations plus intenses. Plus précisément, ces sensations seront accentuées lorsque son pénis se trouvera en contact direct avec une paroi vaginale ferme qui semblera le saisir et le relâcher.

Pour isoler le muscle qu'il vous faut apprendre à raffermir et à détendre, asseyez-vous sur le bol de toilette et écartez bien les jambes. Essayez de retenir et de relâcher alternativement votre urine. Le muscle que vous utilisez pour ce faire constitue votre cible. Une fois que vous l'avez localisé, exercez-vous chaque jour à le raffermir et à le détendre. Répétez cet exercice de 40 à 50 fois par jour, de façon que ce muscle atteigne le summum de sa condition. Il s'agit d'un exercice "secret" que vous pouvez pratiquer presque partout sans que quiconque, sauf votre amant, s'en aperçoive. Adonnez-vous-y chez vous, au bureau, dans l'ascenseur, dans l'autobus, n'importe où. Au bout d'environ un mois, vous n'aurez plus qu'à le répéter 20 fois par jour pour conserver au muscle son élasticité, sans compter celles où vous l'exercerez en faisant l'amour.

La deuxième étape menant au contrôle pelvien implique deux exercices de base qui ont trait à l'élévation et à la rotation du bassin. Ces mouvements ne sont pas seulement utiles sur un plancher de danse. Vous devriez savoir comment bouger votre bassin lorsque vous faites l'amour, de façon que vos régions génitales, la vôtre et celle de votre partenaire, soient en contact plus étroit, augmentant par le fait même l'étendue des sensations que vous éprouvez.

La façon la plus simple d'apprendre à faire basculer votre bassin consiste à imaginer que vous enfilez la paire de jeans la plus serrée possible. Debout, les jambes écartées d'environ 30 cm (1 pied), les genoux pliés, imaginez que vous l'avez enfilée et que vous vous apprêtez à remonter la fermeture éclair. Pendant qu'en imagination vous procédez à ce geste, votre bassin devrait être basculé vers l'avant, votre ventre bien rentré, et votre derrière incliné sous votre corps. Une fois dans cette position, arrêtez-vous une seconde, revenez à la normale, puis remontez de nouveau votre bassin vers l'avant. Vos genoux et vos pieds devraient demeurer immobiles; seul votre bassin devrait se déplacer alternativement vers l'avant et vers l'arrière en ne parcourant tout au plus que 8 ou 10 cm (3 ou 4 pouces). Répétez ce mouvement environ 20 fois par jour jusqu'à ce que vous puissiez le faire sans y penser, ce qui devrait vous prendre d'un à quatre jours. Lorsque vous l'aurez maîtrisé, il sera temps d'ajouter un mouvement de rotation au mouvement de bascule.

Le mouvement de rotation ressemble à celui que pratiquent les adeptes de la danse. Les danseuses du ventre en sont des spécialistes. Nombreuses sont les femmes qui fréquentent les cours de danse du ventre dans l'unique but de perfectionner leur contrôle pelvien et d'apprendre à se déplacer de façon sinueuse et sexy.

La première étape de la rotation pelvienne consiste à se tenir les jambes écartées d'environ 30 cm (1 pied), les genoux légèrement pliés, le derrière rentré sous votre corps, le corps détendu. Faites basculer très lentement votre bassin vers l'avant (comme vous l'avez fait au cours de l'exercice précédent) puis le plus loin possible vers la droite en faisant porter la plus grande partie de votre poids sur le pied droit. Faites ensuite basculer votre bassin vers l'arrière (en repoussant votre postérieur vers l'arrière et le haut) puis vers la gauche en déplaçant votre poids vers le pied gauche. Enfin, faites basculer votre bassin vers l'avant et votre postérieur sous votre corps et poursuivez de nouveau vers la droite, complétant ainsi le premier mouvement circulaire. Il peut être assez difficile de maîtriser cet exercice, c'est pourquoi il importe de l'effectuer lentement au début en se concentrant sur chacune de ses phases. Lorsque vous aurez complété 10 rotations, recommencez dans le sens contraire. Recommencez 10 fois dans chaque sens jusqu'à ce que vos mouvements soient aisés et souples. Certaines femmes affirment qu'écouter de la musique les aide beaucoup.

Lorsque vous maîtriserez ces deux mouvements, vous serez en mesure de devenir une experte en les combinant à vos mouvements internes de raffermissement et de détente. La combinaison de ces mouvements vous permettra de contrôler presque parfaitement votre bassin lorsque vous ferez l'amour, tout en découvrant à vous-même et à votre partenaire un nouvel éventail de sensations physiques qui accentueront énormément votre plaisir à tous les deux.

Tenez-vous ainsi que pour la rotation pelvienne, les jambes écartées d'environ 30 cm (1 pied), les genoux légèrement pliés, le derrière rentré sous le corps, le bassin repoussé vers l'avant. Le bassin dans cette position, pratiquez votre mouvement de raffermissement interne. Bougez vers la droite, et détendez le muscle interne. Basculez vers l'arrière, le derrière bien sorti, et resserrez, puis vers la gauche en détendant le muscle interne. Faites cet exercice en comptant jusqu'à 4:

1 Vers l'avant en resserrant.
2 Vers la droite en détendant.
3 Vers l'arrière en resserrant.
4 Vers la gauche en détendant.

Votre but est de combiner le mouvement alternatif de resserrement et de détente des muscles internes au mouvement de bascule et de rotation. Les deux mouvements peuvent de prime abord sembler aussi difficiles que de se frotter la tête en se tapant sur le ventre, mais en y allant très lentement et en comptant à haute voix, vous constaterez que vous serez bientôt en mesure de les faire simultanément. Commencez par 20 mouvements de bascule et de rotation par jour, puis parvenez à en faire 40 au bout de deux semaines. Passé ce temps, vous devriez être capable de faire cet exercice tout naturellement, sans y penser. Lorsque vous aurez maîtrisé ces mouvements, il n'est pas nécessaire de continuer à les pratiquer. Vous aurez commencé à vous en servir en faisant l'amour. (On verra au chapitre 11 comment et pourquoi s'en servir.)

Une parenthèse: une femme découvrit en disant à son mari qu'elle "s'exerçait sérieusement à contrôler son bassin" qu'il était non seulement amusé, mais excité.

7.

La mise en scène

La Grèce a eu ses hétaïres, Rome ses *delicatae*, le Japon ses geishas, mais de toutes les femmes qui ont laissé leur empreinte dans le domaine de la séduction et de l'art de faire l'amour après une entrée en matière somptueuse et élaborée, les plus célèbres sont sans doute les Françaises du dix-neuvième siècle connues sous le nom de courtisanes ou de grandes horizontales.

Les grandes courtisanes françaises bénéficiaient de l'estime de la plupart des membres de la société, même si elles étaient rémunérées pour leur travail. Il est remarquable que plusieurs des grandes courtisanes n'étaient ni belles ni même jolies, mais elles possédaient à un point extraordinaire, voire unique, la capacité d'augmenter le plaisir d'un homme. Elles étaient en conséquence payées très cher, non seulement en argent, mais en maisons, en bijoux et en personnel domestique. En retour, elles dépensaient des sommes extravagantes pour plaire à leurs amants.

Les courtisanes du siècle dernier ne reculaient pas devant l'idée, par exemple, de commander des montagnes d'orchidées rares dont elles faisaient couvrir le parquet de marqueterie de leurs châteaux pour que leurs amants connaissent l'exquise sensation d'en écraser de leurs pas les doux pétales. Elles consacraient une bonne partie de leur temps et de leurs efforts à apprêter des délices de toutes sortes pour leurs amants, et le champagne, le "vin de l'amour", coulait sans discontinuer. L'une de ces courtisanes, reconnue pour son esprit et ses idées saugrenues, promit à son amant et à ses invités qu'elle leur servirait une chair trop tendre pour être dépecée, puis elle disparut. Quelques minutes plus tard, nue et couverte de persil et d'émeraudes, elle se fit porter dans la salle à manger sur un plateau d'argent par quatre serviteurs robustes, torse nu, des pierres précieuses serties dans le nombril.

Une autre courtisane commanda une double baignoire en argent massif, dont les robinets étaient faits de lazulite et de jade, pour se baigner sensuellement avec ses admirateurs. Les draps de soie et de satin étaient la règle; chaque fois qu'un amant était attendu, on changeait les draps, de façon que son blason ou son monogramme soit immédiatement visible et qu'il se sente confortablement chez lui. Des serviteurs vaporisaient dans les chambres parfaitement tenues des parfums particulièrement l'ambre gris, qui avait la réputation d'être un aphrodisiaque , contenus dans des jarres de cristal et d'argent.

Une courtisane expédiait toujours à ses divers amants des *toilettes de nuit*, deux ou trois dizaines de chemises de nuit et des peignoirs de différentes couleurs pour que chacun choisisse sa couleur préférée avant leur nuit d'amour. Une autre a fait teindre son chien d'un ton de bleu particulier, celui que préférait son duc du moment.

Une intention particulière justifiait un déploiement extravagant. La courtisane voulait stimuler son amant et lui plaire. Elle voulait surtout mettre l'accent sur les plaisirs sensuels. Aussi, les fleurs étaient-elles disposées d'après ses couleurs préférées pour plaire à son oeil, la nourriture était-elle choisie selon ses goûts particuliers, les fragrances servaient-elles à enchanter son odorat, sa musique préférée était-elle jouée au cours du repas et, dans la chambre, les draps et les oreillers réjouissaient-ils son sens du toucher. La courtisane était de même éveillée à l'art d'une conversation vivante et intéressante. Elle développait ainsi non seulement l'art de plaire aux sens, mais son propre sens de l'humour, tout en se mettant au courant des affaires de son amant et des événements de l'actualité.

Les grandes courtisanes françaises représentent un phénomène du dix-neuvième siècle et leur exhibitionnisme découlait des énormes sommes qu'elles recevaient pour faire l'amour de la façon la plus entière qui soit, mais cette extravagance cachait un souci très réel de dispenser aux hommes des plaisirs sensuels et sexuels. Elles sont à mes yeux des femmes fascinantes qui poussaient à la limite l'art de plaire aux sens d'un homme tout en le faisant se sentir tout à fait chez lui. En d'autres mots, elles savaient séduire et apprêter la mise en scène de l'art de faire l'amour. En prenant le temps de réfléchir à ce qui fait réagir votre mari ou votre amant, en vous rappelant de dispenser le plaisir à *chacun* de ses sens, vous découvrirez le plus grand secret des courtisanes. L'important, c'est d'élaborer une mise en scène non pas qui vous plaise à vous, mais qui ravisse et inspire votre homme. Voici quelques idées qui peuvent vous servir de point de départ.

L'ouïe

D'après un architecte de Los Angeles, "la musique peut être un puissant aphrodisiaque. Certains rythmes lents et insistants, qu'on pense au cas classique du *Boléro* de Ravel, sont de nature tout à fait sexuelle. Bien qu'à l'opposé l'un de l'autre, Ricky Lee Jones et Donna Summer peuvent produire le même effet." Choisissez des disques ou des bandes auxquels *il* sera sensible; s'il vibre à la musique New Wave, il est plus que probable que vous vous trompez en lui faisant écouter du western. Certains hommes se sentent fondre en écoutant une sonate de Mozart et ont envie de se cacher dès qu'ils entendent un rythme rock ou disco, tandis que d'autres préfèrent une musique émotive et puissante. Il ne vous sera pas difficile de découvrir celle qui le fait vibrer.

Peut-être cependant ses oreilles auront-elles été bombardées toute la journée par le bruit du téléphone, de la machine à écrire, des klaxons et des sirènes. Dans ce cas, sans doute lui ferez-vous plaisir en le protégeant du bruit, en débranchant le téléphone et la télévision, et en accordant à ses oreilles un repos bien mérité.

Nombreux sont ceux chez qui certains disques créent une atmosphère propice à la tendresse ou signifient qu'il est temps de faire l'amour. "J'ai demandé à Michael d'établir la liste des dix disques qu'il croyait les plus romantiques, m'a raconté mon amie Joanna. En tête venait le disque d'Édith Piaf où elle chante *La vie en rose*, puis *The Impressionists*, puis un album de Roberta Flack, un de Neil Diamond et enfin *La Tosca*."

La vue

Nous avons toutes vu des hommes regarder les femmes qui déambulent dans les rues. Observez de quelle façon ils s'attardent de même à une photographie provocante dans un magazine ou comment certains mâles jettent un coup d'oeil presque automatique à la région lombaire d'une femme. Les réactions des mâles sont très diversifiées mais, règle générale, ils réagissent rapidement aux stimuli visuels. Vous pouvez facilement élaborer pour votre homme des mises en scène intéressantes et provocantes à la maison: vous-même dans une baignoire mousseuse lorsqu'il rentre, une table dressée avec des chandelles et des fleurs, des bas noirs sur une chaise de la chambre à coucher, un recueil de photographies érotiques placé bien en vue. "Les hommes que je connais sont tous excités par un recueil de photographies de Helmut Newton, affirme Sheila, une très séduisante secrétaire de direction. Le recueil a pour titre *White Women*. Je le laisse traîner sur la table à café."

N'oubliez pas, toutefois, que ce qui stimule un homme pourrait en embarrasser un autre; évaluez ses goûts et ses dégoûts ou arrangez-vous pour connaître ses préférences et lui plaire en conséquence.

Sa façon de concevoir la chambre à coucher constitue un autre facteur intéressant. Martha Pomroy et Martha Stilson-Caporale, deux écrivains qui ont effectué une recherche informelle sur les préférences des hommes en matière de chambre à coucher, affirment que "la chambre à coucher séduisante, du point de vue d'un homme, n'apparaîtrait jamais dans les pages du magazine *Playboy*". Les résultats auxquels elles sont parvenues dans leur quête de la chambre à coucher idéale sont les suivants: la couleur préférée est le bleu; les moquettes arrivent loin devant les carpettes; le lit doit être au moins de dimensions "*queen*" et son matelas doit être fait de ressorts (les matelas de mousse sont trop chauds en été); le "bon" nombre d'oreillers est de quatre ou davantage; les tables de chevet ne devraient pas être encombrées; la télévision et la radio sont des éléments importants; il est essentiel que les plantes y abondent. L'image composite de la chambre à coucher séduisante reflète donc, selon leurs informateurs, la nature. "Lorsqu'ils font l'amour, concluent les auteurs, les hommes sont sur un sommet herbeux, sous un ciel bleu, entourés d'une végétation luxuriante!"

L'odorat

La plupart des hommes sont moins éveillés que les femmes aux pouvoirs de la fragrance et à ses effets aphrodisiaques. Baignez-le avec une huile de bain parfumée, placez un savon parfumé au bord du lavabo, aspergez très légèrement vos draps et vos oreillers du parfum que vous utilisez. Déposez une goutte de votre parfum sur les ampoules électriques:lorsque vous allumerez, la chaleur en propagera la fragrance dans la pièce. La fragrance exerce un pouvoir subliminal très puissant qui rend un homme conscient de votre présence, mais usez-en parcimonieusement. Une trop grande quantité de parfum sur vous, dans vos vêtements, les draps, la chambre, peut se révéler désastreuse et le pousser à fuir en quête d'air frais.

Le toucher

Les hommes affirment que les objets soyeux ou diaphanes sont terriblement féminins, donc *terriblement sexy*. Ce qui explique pourquoi tant d'entre eux réagissent devant des chemises de nuit ou des sous-vêtements soyeux et transparents, ou des draps doux de texture lisse et satinée. Les verres fragiles, les assiettes et les tasses délicates dégagent aussi une sensation de féminité que les hommes trouvent séduisante au toucher. Ils affirment que de tels objets les rendent davantage conscients de leur propre masculinité. Ils aiment de même caresser des cheveux luisants, propres, en bonne santé. Et ils sont presque tous d'accord pour affirmer qu'une robe douce, collante, faite d'un tissu abondant, invite presque au toucher. La même chose s'applique aux chemises de nuit, aux robes de chambre et aux sous-vêtements soyeux. Il est assez surprenant de découvrir le nombre d'hommes qui sont torturés par l'envie de toucher une culotte de bikini de pure soie. "La soie, comme l'explique l'un de mes amis sensuels, conserve mieux les odeurs que le nylon."

Le goût

Un vieux dicton veut que le plus court chemin vers le coeur d'un homme passe par son estomac. Rien n'est plus vrai et les hommes s'inscrivent rarement en faux. Préparer un repas pour quelqu'un demeure l'un des gestes les plus affectueux et les plus séduisants que puisse faire une femme. Le partage du pain ou de la nourriture a, historiquement, amorcé le rapprochement entre les individus.

La célèbre gastronome M.F.K. Fisher écrit merveilleusement bien sur la nourriture comme élément de séduction. Les grandes courtisanes, écrit-elle, étudiaient l'appétit de leurs proies.

> Quand elle l'a attrapé, la chasseresse étudie le mâle humain aussi attentivement que s'il s'agissait d'un diamant... Elle analyse ses réflexes moteurs après lui avoir fait avaler une bonne portion de venaison braisée et si, plutôt que de montrer une pétulance appréciative, il bâille et cherche son souffle et cligne de l'oeil, jamais plus elle ne lui sert de ce plat faisandé. Elle prend froidement, mathématiquement, note de ses réactions au vin, à la bière et à l'alcool aussi bien qu'aux fruits, aux oeufs, aux concombres et autres; bref, elle apprend quelle est sa tolérance diététique, la rapidité de son métabolisme et sa tendance à l'indigestion aussi bien gastrique qu'émotive. Et ceci, qu'elle habite une ferme de l'Arkansas ou qu'elle soit une mince beauté du cap d'Antibes.

Le sens du goût appartient en propre à chaque homme. Certains ont le palais très raffiné et apprécieront le temps et l'énergie consacrés à un plat gastronomique. D'autres seront enchantés de la délicatesse d'une femme qui leur apprête leur mets préféré, même s'il ne s'agit que d'un ordinaire (mais juteux) hamburger ou d'un repas précuit accompagné de sa marque de bière favorite.

Un homme doué d'imagination a déjà suggéré à une de mes amies d'organiser une dégustation de vin à deux avec des demi-bouteilles en provenance de divers pays. Si votre homme ne boit pas ou s'il est au régime, rabattez-vous sur une eau minérale au nom exotique. Une bouteille glacée d'eau pétillante constitue une boisson spéciale, peu coûteuse (et dénuée de calories), que l'on peut boire tant avant que durant le repas.

Ce qu'il importe de se rappeler en matière de goût, c'est que vous tentez de captiver *le sien*. Ne lui servez pas ce que vous *croyez* qu'il aime: prenez le temps de découvrir ses préférences. "Je mange si souvent au restaurant, affirme un célibataire raffiné de New York, que j'apprécie un bon vieux pain de viande davantage qu'un repas élaboré." Peut-être que *vous* trouverez trop moche l'idée d'un hamburger ou d'un pain de viande, mais si vous le lui apprêtez, peut-être vous en remerciera-t-il jusqu'à la fin de vos jours!

8.

Surmonter le trac

L'idée même de se mettre au lit pour la première fois avec quelqu'un est merveilleusement excitante. Mais bien que vous attendiez ce moment avec impatience, vous êtes aussi susceptible de ressentir quelque appréhension. Ainsi que me l'affirmait, non sans candeur, une amie: "J'ai vaguement peur. J'espère que ce sera grandiose, mais je crains que ça ne soit malhabile, de ne pas lui plaire, et que ça ne soit pas aussi parfait que je le voudrais." La première fois n'approche que *très rarement* la perfection. Les corps sont nus, les émotions fusent et l'anxiété atteint des sommets. On se sent *toujours* naturellement malhabile quand on participe à une expérience sexuelle pour la première fois avec quelqu'un, surtout si cette personne compte pour nous de façon particulière.

Les hommes ont davantage tendance à éprouver une vive anxiété lorsqu'ils se retrouvent au lit pour la première fois avec une nouvelle partenaire. Si vous tenez compte du fait que le mâle ordinaire craint de ne pas bander ou de ne pouvoir maintenir son érection, vous comprendrez bientôt que son anxiété est probablement plus intense que la vôtre. Vous pouvez cependant *tous deux* vous détendre la première fois en vous concentrant sur les points suivants.

Assurez-le que vous ne serez pas dérangés

L'une des pires craintes qu'éprouvent les hommes est qu'un mari, un amant ou un enfant découvre en y entrant ce qui se passe dans la chambre à coucher. Dites-lui que vous n'attendez personne ou, si vous attendez effectivement quelqu'un, dites-lui franchement à quelle heure cette personne doit arriver. Si vous vivez avec des enfants, informez-le de leur présence et assurez-vous qu'il vous voie fermer à clé la porte de la chambre. Tout en l'assurant que vous ne serez pas dérangés, indiquez-lui où se trouve la salle de bain, au cas où il aurait à s'y rendre.

Proposez d'abord un bain ou un massage

(Le chapitre suivant traitera plus en détail de la détente par massage.)

Ne perdez pas votre sens de l'humour

Il est à peu près certain que, tous deux, vous toucherez les mauvais endroits, ferez ce qu'il ne faut pas, bougerez maladroitement; il vaut mieux prendre avec un grain de sel votre nervosité. Un homme me racontait un jour qu'il faisait l'amour pour la première fois avec la femme de ses rêves: "Nous étions au lit depuis à peine quelques minutes lorsque je me suis aperçu que j'avais une irrésistible envie de pisser. Nous avions mangé des mets chinois et bu une dizaine de tasses de thé et au moins deux ou trois bières. J'ai eu le courage de lui dire qu'il me fallait absolument aller à la toilette. Elle m'a répondu du tac au tac: "Dieu merci! moi aussi!" et nous avons éclaté de rire. Dès ce moment-là, nos barrières sont tombées et tout s'est très bien passé."

Refusez de laisser les choses se précipiter

Abordez les préliminaires en établissant un rythme lent et détendu. La plupart des gens ne se donnent pas la chance d'éprouver quoi que ce soit, tant les premières fois se déroulent rapidement. N'acceptez pas d'être bousculée. Il vous en remerciera lorsqu'il pensera à vous plus tard. Même si vous courez vers le lit en vous déshabillant aussi rapidement que le permettent les fermetures éclair ou les agrafes, prenez le temps d'allumer deux ou trois chandelles qui créeront une atmosphère séduisante. Les chandelles ont leur importance. Non seulement vous permettent-elles de voir et de comprendre les réactions de votre partenaire, mais elles dispensent aussi un éclairage flatteur qui cache les imperfections corporelles et confère au visage toute sa beauté. Les chandelles aidant, vous aurez aussi tendance à prendre votre temps. Leur éclairage est vieillot, romantique et languissant. "J'ai appris à être follement lente quand je vais au lit avec un homme, affirme une journaliste de mode influente, mais je le fais exprès. Je propose habituellement que nous prenions une douche à deux dès que nous nous apprêtons à passer aux actes. La tension monte et la situation devient beaucoup plus explosive."

Évitez les gestes rapides ou brusques

Ne bougez que d'une façon fluide et sensuelle. Un mouvement brusque ou inattendu risque de le prendre par surprise et de provoquer un moment d'anxiété qui pourrait troubler une atmosphère sensuelle et détendue. "Lorsqu'une femme me caresse lentement, souligne un homme, j'ai tendance à croire qu'elle n'est pas crispée et qu'elle éprouve du plaisir. Je crois que celles qui ont des gestes rapides sont nerveuses."

Veillez aussi à ce que vos caresses demeurent fluides. N'explorez pas, par exemple, son torse pour vous précipiter tout à coup sur son pénis. Frayez-vous un chemin vers le bas en gardant constamment le contact, soit par des baisers, soit par des caresses légères. N'allumez pas de lumière sans prévenir, dans le but de retrouver quelque lotion ou lubrifiant. Dites-lui plutôt gentiment que vous allez le faire, si vous n'avez pas déjà allumé de chandelles.

Comprenez l'anxiété
face à la performance

Une femme de Cleveland âgée de trente-six ans, Marcia, m'a rapporté cette version d'une histoire de lit pour le moins répandue "Tout allait pour le mieux: le temps, l'endroit, l'homme. Je connaissais Elliot depuis des mois, j'avais travaillé à l'occasion avec lui (il fournit en qualité de pigiste des travaux artistiques à l'agence qui m'emploie) et il m'attirait. Il nous était arrivé de sortir ensemble, mais nous n'avions jamais rien fait d'autre que de nous embrasser chastement à la fin de la soirée. C'était notre premier "vrai" rendez-vous et j'avais l'impression de vivre un conte de fées: d'abord un film qui nous a bien fait rire, puis un repas aux chandelles accompagné de musique douce dans un petit restaurant romantique. Nous résistions difficilement à l'envie de rentrer chez moi et de procéder à l'inévitable. Avant même d'avoir pu verrouiller la porte, nous étions dans les bras l'un de l'autre. Embrasser Elliot me procurait une incroyable excitation et je pouvais sentir qu'il était tout aussi excité. Quelques minutes plus tard, nous nous retrouvions nus dans mon lit. C'est alors que les problèmes ont commencé. Je savais qu'il voulait, mais il ne pouvait pas. Je pouvais sentir qu'il était horriblement embarrassé. Cela ne m'était encore jamais arrivé. Nos rapports ont pris fin dès ce moment-là, parce que j'ignorais comment faire face à une telle situation."

Le problème de Marcia et Elliot se reproduit couramment et, à l'instar de Marcia, peu de femmes savent le résoudre. Prenant pour acquis que le problème d'Elliot relevait du trac de la première fois, et non pas d'un facteur plus profondément enraciné, une femme peut agir de plusieurs façons.

Votre partenaire peut être, tout d'abord, un homme qui éprouve de la difficulté à parvenir à une érection sans stimulation directe du pénis. Essayez de le caresser doucement, délicatement, sans vous presser, de votre main ou de votre bouche. S'il ne réagit pas au bout de quelques minutes, ou si vous avez l'impression que son anxiété ne fait que s'accroître, arrêtez le moins abruptement possible votre caresse et poursuivez en embrassant et en caressant d'autres parties de son corps. Ne permettez pas à l'anxiété de vous gagner et ne vous enfuyez pas. Conservez votre calme en ayant conscience que lorsqu'il éprouve de la difficulté à parvenir à une érection et ne réagit pas après quelques minutes de stimulation directe, un homme se trouve aux prises avec son anxiété au moment de faire l'amour. *Votre* problème consiste à trouver le moyen d'alléger cette anxiété.

Une approche dénuée d'exigences, qui ne sera pas perçue comme menaçante tout en détournant son attention de l'idée de performance, c'est-à-dire de l'érection, constitue la façon la plus efficace de régler le problème de l'impuissance temporaire causée par l'obsession de la performance. Faites porter votre attention sur autre chose, un massage, par exemple, ou des caresses mutuelles et détendues du corps: une attitude détendue, dénuée d'anxiété et de hâte, accomplit des merveilles. Vous pouvez aussi faire face au problème et mettre un homme à l'aise en identifiant son problème et en lui disant: "C'est sans importance. Pourquoi ne pas tout simplement nous détendre? Il y aura toujours demain." En prononçant de telles paroles, si vous les *pensez* vous ferez beaucoup pour alléger son anxiété. Il ne se sentira pas misérablement rejeté, parce que vous lui aurez fait comprendre que vous voulez le revoir. En cessant tous deux de penser à faire l'amour durant quelque temps et en vous contentant d'être chaleureux et affectueux, vous découvrirez souvent qu'il parvient à une érection spontanée. N'en faites cependant pas toute une histoire. En portant votre attention sur l'érection d'un homme anxieux, vous risquez de la lui faire perdre. La meilleure solution consiste encore à ne pas vous presser et à le laisser agir à son propre rythme. Ne le poussez *jamais* à vous pénétrer rapidement.

Il existe plusieurs niveaux d'anxiété causée par l'idée de performance, qu'il s'agisse du trac de la première nuit ou de l'impuissance profondément ancrée. Le chapitre 13 traite des façons de faire face aux problèmes d'érection plus sérieux qui peuvent paralyser une relation.

L'anxiété causée par l'idée de performance constitue un problème relativement nouveau chez les femmes. Celui-ci découle de l'accent mis sur l'orgasme et sur l'orgasme multiple. Chez une femme, l'anxiété générée par l'idée de performance signifie habituellement qu'elle craint d'être incapable d'atteindre l'orgasme. Il est probable que vous ne parviendrez pas à atteindre l'orgasme la ou les premières fois que vous ferez l'amour avec un homme. Pour atteindre un plaisir qui est satisfaisant, il faut y consacrer du temps et des efforts, ce qui implique une communication aussi bien verbale que non verbale. La deuxième ou la troisième fois que vous vous retrouvez ensemble au lit, *discutez* avec lui de ce qui vous donne à chacun du plaisir. Une de mes amies me confiait: "Il est plus facile de dire ce que vous voulez ou ressentez à quelqu'un que vous ne connaissez pas très bien. Il m'est déjà arrivé de raconter à un presque parfait étranger, rencontré au cours d'un party, des détails de ma vie que j'oserais à peine confier à mon mari." Tirez parti de la nouveauté d'une relation et commencez dès le début à lui dire quels sont vos désirs et à lui demander quels sont les siens. Nous reviendrons sur la façon d'aborder ce sujet dans un chapitre ultérieur.

De grâce, ne faites pas semblant

Ne faites pas semblant d'éprouver du plaisir ou de parvenir à l'orgasme. À long terme, une telle attitude jouera contre vous. En faisant semblant d'apprécier ce que vous fait votre partenaire ou ce qu'il fait avec vous, vous fermez la porte à votre propre plaisir. Si vous faites semblant, il n'apprendra jamais ce qui vous excite réellement, et même s'il ne s'aperçoit pas que vous le trompez, tôt ou tard il sentira que quelque chose ne tourne pas rond et remettra en cause votre relation. "Mon mari croyait qu'il était un amant extraordinaire, affirme une femme, jusqu'au jour où il a eu une aventure avec une femme qui lui a fait comprendre que tel n'était pas le cas, tout en lui indiquant ses manques. J'avais toujours soutenu qu'il était l'un des meilleurs amants de la planète et que ses efforts me rendaient extraordinairement heureuse. Il a été profondément blessé et justement furieux de mon hypocrisie. Nous avons failli nous séparer. J'en ai finalement tiré une leçon tout à fait fondamentale et j'ai de même appris, pour la première fois, ce qu'est réellement la sexualité."

9.

Le secret de la geisha

Une femme blonde, vêtue d'un sombre et luxueux manteau de fourrure et de bottes à talons hauts qui lui montent jusqu'aux genoux, passe à 16 h 55 exactement une porte laquée de rouge de la Cinquième Avenue, à Manhattan. La responsable de l'ascenseur appuie sur un bouton de sa main gantée d'un blanc immaculé et elle se retrouve quelques secondes plus tard dans une pièce rose pâle du huitième étage, où le tapis est épais et somptueux, l'ameublement, fonctionnel et élégant. Un murmure se fait entendre dans la pièce.

La femme blonde donne son nom à l'une des deux femmes impeccablement coiffées qui se trouvent derrière un bureau laqué et on lui tend une petite clé passée dans un ruban de soie.

Elle se dirige à sa gauche dans un corridor sur lequel donnent plusieurs portes couvertes de miroirs. En ayant ouvert une, elle pénètre dans une petite pièce et enlève sans se presser son chandail couleur pêche et sa jupe. Nue, elle glisse ses pieds manucurés dans une paire de pantoufles et se couvre d'un peignoir rose.

Elle passe dans une autre petite pièce. Au milieu de celle-ci, une table l'attend, bien rembourrée et recouverte de draps blancs et d'une couverture ultra-légère.

Une autre femme s'y trouve, vêtue d'un uniforme rose. Sans un mot, la femme blonde se dénude et s'étend sur la table. On lui place sous les pieds une bouteille d'eau chaude enveloppée dans une serviette rose. "Maintenant, étendez-vous sur le ventre", lui dit la femme en uniforme d'une voix discrète. Puis elle prend une lotion pâle qu'elle réchauffe entre ses mains: le massage peut commencer.

Chaque jour, du lundi au vendredi, des riches célèbres, des moins riches et des femmes très sensuelles franchissent la porte rouge laquée d'un salon de beauté bien connu de la Cinquième Avenue, à New York, et passent une heure en compagnie d'une masseuse accomplie.

Pourquoi un massage? Quelle magie peut bien inciter les gens à dire que le massage constitue l'une des expériences les plus agréables et les plus relaxantes qu'il soit possible d'imaginer après une journée difficile ou physiquement éprouvante? D'après le chef du département de psychiatrie d'un hôpital new-yorkais, "un bon massage peut aider à faire disparaître les tensions du corps et de l'esprit il peut vous donner l'impression de renaître".

Les bons côtés ne s'arrêtent pas là: le massage est l'un des grands secrets des performances exceptionnelles en amour. On connaît depuis des siècles l'apport du massage comme prélude à l'accouplement, mais il fallut attendre Masters et Johnson pour que cet apport soit reconnu de nos jours dans la vie du couple. Dans leurs cliniques, les couples qui vivent les étapes successives de l'intimité sexuelle commencent par se caresser le dos, le visage, les bras et les jambes. Ce genre de caresses relaxantes, ni exigeantes ni menaçantes, n'est rien d'autre qu'une variation ou une combinaison de techniques de massage que chacun peut dispenser.

Deux types de massages devraient attirer votre attention. Le massage relaxant ou suédois, comme on l'appelle fréquemment, requiert habituellement les services d'une personne qui en fait profession. Pour bien saisir ce que ce massage implique, demandez à votre médecin ou à votre orthopédiste de vous recommander un bon masseur ou une bonne masseuse et prenez rendez-vous pour un massage suédois. Si vous vivez dans une grande ville, vous découvrirez peut-être un salon de beauté ou des centres de santé qui emploient de tels professionnels. Si vous le demandez dès le début de la session, la plupart d'entre eux se feront un plaisir, à la fin, de vous expliquer en quelques minutes leurs manipulations de base. Les prix varient habituellement de quinze à quarante dollars l'heure environ.

N'importe qui peut prodiguer le second type de massage et celui-ci ne requiert absolument aucun entraînement professionnel. Connu sous l'appellation de "massage sensuel", il n'implique rien d'autre que des mouvements longs, doux, amoureux et attentionnés, des coups et du pétrissage légers, et le frottement de toutes les parties du corps. Le massage sensuel déborde souvent sur les préliminaires de l'accouplement.

En parlant avec des hommes, j'ai découvert qu'ils préféraient une combinaison de massage relaxant et de massage sensuel. L'un d'eux en expliqua la raison en soulignant que les caresses et les frottements sont "fondamentalement des gestes de tendresse. Lorsque vous y ajoutez la manipulation des muscles, vous y ajoutez la relaxation, sans compter que vous savez immédiatement si une femme sait manipuler votre corps."

Plusieurs raisons font de ce genre de massage un instrument important et efficace en vue de l'accouplement. En proposant un massage dorsal, vous résolvez l'embarras provoqué par le problème des premiers contacts physiques. "Une femme plus âgée que moi m'a initié aux massages, affirme John, un jeune menuisier de belle apparence. Cette femme m'attirait beaucoup, mais je ne savais trop comment m'y prendre avec elle... Je venais de terminer des rayons de bibliothèque chez elle et nous en étions à boire du thé glacé. Elle m'a demandé si mes muscles étaient endoloris et si j'aimerais me faire masser le dos. À partir de là, la nature a suivi son cours."

En plus d'aider à surmonter la gêne, le massage demeure un excellent moyen d'apprendre à utiliser et à accepter votre propre corps et le sien, de même que le moyen le plus simple d'entreprendre l'exploration du corps de votre partenaire et de découvrir où et comment il aime qu'on le touche.

Nombreuses sont les personnes qui acceptent mal leur propre plaisir, souvent sans être conscientes de leur anxiété. Elles ont l'impression qu'il est tout à fait correct de dispenser le plaisir et de toucher, mais elles sont inhibées ou se sentent coupables d'accepter ce qui leur fait plaisir. Les hommes (et les femmes) timides qui éprouvent de la difficulté à se "laisser aller" réagissent souvent très bien à l'idée d'un massage puisque celui-ci les aide à calmer leur anxiété ou leurs craintes face au plaisir. Lorsqu'ils reçoivent un massage, ils sont *supposés* accepter le plaisir sensuel, ce qui atténue souvent leur sentiment de culpabilité.

Le massage a aussi l'avantage de détourner l'attention de la performance. L'homme qui éprouve de la difficulté à parvenir à l'érection sera reconnaissant à une femme qui ne se concentre pas sur son pénis, mais commence plutôt par lui frotter le dos ou par extirper les noeuds de tension de ses mains et de ses pieds. Le massage ne constituant pas explicitement une activité sexuelle, il n'aboutit pas nécessairement à l'accouplement. Il peut n'être qu'un moment agréable et une session de massage peut constituer une entrée en matière dénuée de menace à un accouplement ultérieur.

Par où commence-t-on un massage? Vous pouvez vous tenir tout simplement derrière son fauteuil s'il est en train de lire ou de regarder la télévision et commencer à dénouer les zones de tension de sa nuque, mais un massage sérieux vous obligera à aller au lit. Demandez-lui où il ressent le plus de tension. La plupart des gens se sentent les épaules, le cou, le haut et le bas du dos tendus; même s'il ne vous fournit pas d'indications précises, commencez par l'une de ces régions. Éteignez tout éclairage direct et glissez vos mains sous sa chemise de façon à être en contact direct avec sa peau. Par la suite, si vous avez le sentiment que cela convient, demandez-lui d'enlever sa chemise de façon à poursuivre sur le reste du dos.

Utilisez si possible une lotion ou une huile d'un type glissant et "élastique", c'est-à-dire qui ne sèche pas trop rapidement. Nutraderm, Lubriderm et Soins intensifs (Vaseline) sont de bonnes marques sans être huileuses. Si vous avez l'intention de vous servir d'une lotion parfumée, assurez-vous d'abord qu'il en apprécie l'odeur.

Les professionnels préfèrent les huiles et travaillent souvent avec celles qui sont à base d'abricots, de menthe ou d'autres fragrances légères et naturelles. Certains optent par contre pour l'huile de bébé. D'autres, encore, penchent vers l'huile minérale. "Je me sers de deux ou trois cuillerés à thé d'huile pour le corps entier, affirme un masseur bien connu que j'ai rencontré. La plupart des novices en utilisent trop et perdent le contrôle de leurs mouvements."

Nombreux sont les hommes qui n'apprécient pas la sensation de l'huile sur leur corps. Contrairement aux femmes, ils n'ont pas l'habitude des lotions corporelles; familiarisez votre partenaire avec cette sensation en frottant un peu de ce que vous utilisez sur le dos de sa main ou dans ses paumes. Ne versez pas l'huile ou la lotion directement sur lui: cette façon de faire est trop froide et impersonnelle. Réchauffez d'abord la lotion dans vos mains.

Un masseur ou une masseuse de métier utilise plusieurs formes de gestes ou de mouvements. Les plus communs sont le pétrissage, les pressions avec la base des deux mains, les pressions avec les pouces seuls, les coups légers du tranchant des mains (depuis le poignet jusqu'à l'extrémité de l'auriculaire), et les frottements rapides qui réchauffent la peau en la frictionnant. "Le meilleur conseil que je puisse donner aux débutants, affirme un autre masseur très respecté, Frank Bosco, c'est de commencer par de longues caresses lentes tout le long du dos." Ces longs mouvements vous permettent de mieux sentir le corps et vous pouvez en faire votre point de départ en imitant le mieux possible les mouvements que vous avez appris sous les mains entraînées d'un professionnel. L'exercice aidant, vous serez en mesure de développer votre propre style de caresses et de pétrissage.

Prenez votre temps. Que vos mouvements soient fermes, suivis et fluides. À cette étape, l'objet du massage est de détendre le corps et non pas d'exciter sexuellement son propriétaire. La musique peut être d'un grand secours. Une musique aisée et lente possède un grand pouvoir de détente et vous aidera à agir selon un rythme uniforme, constant et enchaîné. Dans la mesure du possible, que vos mains soient en tout temps en contact avec son corps. Essayez de garder le contact même lorsque vous changez de position ou versez de l'huile (versez-la dans le creux de votre main en faisant reposer le dos de celle-ci sur son corps).

La première étape d'un massage contourne les zones érogènes. Attaquez-vous d'abord au dos, puis faites porter vos caresses sur sa nuque puis, passant par le dos et les fesses, descendez le long des jambes jusqu'aux pieds et aux orteils. Ce faisant, demandez-lui où les sensations sont les plus agréables et quelle pression, ferme, légère ou lourde, il préfère.

Puis proposez-lui de se retourner et recommencez sur le devant de son corps les mouvements qu'il semblait apprécier en partant des pieds et en remontant vers la tête, en évitant les organes génitaux.

Certains des manuels sexuels les plus récents de la côte Ouest attachent beaucoup d'importance à la respiration comme moyen d'atteindre la détente et le plaisir sexuels avec la plus grande intensité. Pendant le massage, vous pourrez peut-être tenter de pratiquer cette façon particulière de vous "abandonner" dans votre respiration: expirez d'abord lentement et profondément puis inspirez lentement par le nez en permettant à votre abdomen de se gonfler le plus possible. Les profondes respirations, dit-on, aident à "énergiser" votre système sexuel dans sa totalité.

Lorsque la tension aura décru et que vous aurez travaillé les muscles, vous pourrez commencer à entremêler vos mouvements de gestes plus spécifiquement érotiques si vous avez le sentiment que vous êtes tous deux prêts. À ce moment, la frontière entre le massage et les préliminaires sexuels s'embrouillera. En vous attaquant aux zones érogènes elles-mêmes, y compris au pénis, caressez-les ou frottez-les exactement de la même façon que le reste du corps, mais avec moins de pression et une touche beaucoup plus légère.

Certains experts et thérapeutes recommandent de conserver en mémoire vos fantasmes lorsque vous procédez à ce genre de massage et de demander à votre mari ou à votre amant de faire de même. Vous pouvez discuter de vos fantasmes par la suite, ce qui amène beaucoup d'ouverture d'esprit, d'imagination dans l'accouplement, et même une plus grande levée des barrières mises en place par l'anxiété ou la tension.

Le massage terminé, vous pouvez demander la réciproque s'il ne vous l'a pas déjà offerte, ou proposer une douche ou un bain chaud, mais il est plus probable que vous aurez plutôt l'intention de poursuivre et de faire l'amour...

10.

Être détective dans un lit

TOUCHE PAS! C'est ce que nous avons appris dès l'enfance et certains d'entre nous obéissent toujours à ces ordres. Dans notre société, les hommes se touchent rarement les uns les autres, sauf dans les sports, la plupart des couples mariés se touchent de moins en moins à mesure que le temps passe, et la façon qu'ont les femmes chic d'embrasser l'air plutôt que la joue qui leur est offerte au cours des dîners fait sourire depuis longtemps. Les recherches ont démontré que les nourrissons doivent être touchés souvent et avec des mains attentionnées et aimantes s'ils veulent progresser, parfois même tout simplement survivre. Nous avons tous besoin d'être touchés pour réaffirmer que nous sommes humains, vivants et aimés.

Un de mes amis affirme qu'il peut découvrir si une femme fait bien l'amour à sa façon de toucher: "Une femme sexuellement compétente touche habituellement avec autant de fermeté que de douceur. Elle est preste, ne s'agite pas. Elle pose la main sur votre bras et l'y maintient une ou deux secondes de plus qu'une femme qui n'est ni sensuelle ni sexuelle."

Nos zones les plus sensibles sont les zones érogènes (littéralement: zones "génératrices d'amour", du grec *eros*, "amour", et *giguesthai*, "naître"). Les zones érogènes provoquent diverses réactions selon les gens, à cause de leur passé physiologique et psychologique, mais un accouplement chaleureux et entier peut contribuer à développer une sensibilité érotique ou génératrice d'amour dans presque n'importe quelle partie du corps.

Embrasser demeure l'une des meilleures façons de déceler les zones érogènes. En embrassant un homme sur la bouche, vous pouvez découvrir d'importants indices à son sujet. Comment ses lèvres répondent-elles à votre baiser? Sont-elles crispées ou détendues et entrouvertes? Explore-t-il de sa langue des endroits inattendus, par exemple en longeant l'avant des gencives entre les dents et la lèvre supérieure ou le palais, si sensible? Poursuit-il en vous embrassant l'oreille? Mordille-t-il délicatement les muscles de votre cou? Vous baise-t-il les mains? S'il procède à l'une ou l'autre ou à toutes ces activités, il y a fort à parier que les régions sur lesquelles il fait porter son attention sont celles qui répondent le mieux dans son propre corps aux attouchements et aux baisers, ce qui signifie qu'il s'agit là de ses propres zones érogènes. Un principe fondamental entre ici en jeu: au lit, on donne souvent ce qu'en réalité on veut obtenir. Observez très attentivement ce qu'il vous fait. Il vous fournit des indices précieux sur ce qui lui fait plaisir.

S'il est plutôt réservé dans sa façon d'embrasser, et vous seriez étonnée du nombre de ceux qui le sont, vous devriez prendre l'initiative de l'embrasser sur la bouche, le cou et les oreilles. Essayez d'embrasser d'autres parties de son corps, des parties auxquelles il ne s'attendra pas. Embrasser les mains, par exemple, peut être très érotique. Essayez de le lécher et de l'embrasser entre les doigts ou de prendre l'un de ceux-ci dans votre bouche.

Un bon baiser est concentré, humide, chaleureux, bien placé. Un mauvais baiser est écrasé, sans consistance et mou.

Une autre façon intéressante de déceler les zones érogènes consiste à découvrir où il est chatouilleux. Si vous parvenez à localiser les zones où il est chatouilleux, l'avant et l'arrière des genoux, les aisselles, la plante des pieds, n'importe quel autre endroit qui le fait fortement réagir, vous savez que ces zones sont vulnérables et répondront probablement à des baisers, des coups de langue ou des attouchements très délicats qui n'ont pas pour but de le chatouiller. "Je deviens fou quand quelqu'un me chatouille, m'a confié un homme. Ma copine le sait et, un soir, elle m'a chatouillé tout en m'embrassant. Je ne peux pas décrire la sensation autrement qu'en la situant à mi-chemin entre la douleur et le plaisir, ce dernier l'emportant au bout du compte. Un peu plus tard, j'ai vécu l'orgasme le plus extraordinaire de mon existence."

Il arrive souvent que les hommes ne soient pas conscients qu'il existe un univers de sensations ailleurs que dans leur pénis; qu'il existe des zones génératrices d'amour d'un bout à l'autre du corps. Certains connaissent les zones qui les excitent mais sont trop gênés ou trop timides pour prévenir leur partenaire de ce qui leur ferait surtout plaisir. La plupart des hommes, vous le découvrirez aisément, réagissent très bien lorsque les zones érogènes suivantes sont excitées:

Les oreilles

L'oreille constitue l'un des endroits les plus agréables et les plus méconnus chez l'homme aussi bien que chez la femme. Parcourir délicatement du bout de la langue l'intérieur du pavillon de l'oreille est très érotique. La sensation sera d'autant plus intense si vous faites une pointe de votre langue et en insérez l'extrémité dans la partie la plus profonde de l'oreille en procédant à un rapide mouvement de va-et-vient qui simule le mouvement de va-et-vient de l'accouplement. Souffler (légèrement) dans l'oreille par la suite éveille aussi une sensation agréable.

Le cou

Les muscles et les tendons du côté du cou sont particulièrement sensibles. Nombre d'hommes réagissent avec beaucoup d'intensité à la morsure légère ou au massage de ces tendons qui vont de l'oreille à la naissance de l'épaule.

Les aisselles

Chez plusieurs, il s'agit d'une région secrète d'une grande sensibilité érotique. Caressez, embrassez, ou mordillez sous le bras et le long du muscle qui descend le long de son corps depuis l'extérieur des aisselles.

Les mamelons

De 50 à 60 p. 100 des mâles réagissent par une érection partielle ou complète des mamelons lorsque ceux-ci sont stimulés. La stimulation des mamelons d'un homme diffère légèrement de celle de ceux d'une femme en ce sens qu'il la ressentira de façon plus directe, plus spécifique et, souvent, plus évanescente. Chez l'homme, la sensation la plus agréable est produite en embrassant, suçant ou roulant les mamelons entre les doigts. La surface de la poitrine dans sa totalité ne semble pas être aussi sensible que chez la femme.

Les fesses

La plupart des hommes trouvent excitant qu'on leur mordille ou qu'on leur pince gentiment les fesses. Les sensations les plus agréables peuvent provenir du baiser ou de la morsure des fesses en même temps que l'on stimule directement le pénis. Certains hommes réagissent aussi au frôlement des poils ras situés au-dessus du coccyx et à une légère pression partant de la base de la colonne vertébrale et montant de 8 à 10 cm (3 ou 4 pouces).

La surface interne des cuisses

La région où ses cuisses enserreraient une selle, c'est-à-dire du pénis et des testicules jusqu'au milieu des cuisses, est terriblement sensible. Les hommes réagissent surtout aux morsures légères ou au baiser ferme des muscles ou des tendons de la partie haute, située près des organes génitaux, de même qu'au lappement, au baiser ou au massage léger de toute cette zone.

Le pénis

S'il existe un endroit du corps sur lequel vous pouvez compter à coup sûr pour éveiller de fortes sensations chez un homme, c'est bien son pénis. La plupart des femmes le savent, mais nombreuses sont celles qui ignorent où, exactement, sur le pénis les sensations sont les plus vives.

L'extrémité du pénis, y compris le gland, en est la partie la plus sensible. La stimulation de la très délicate membrane qui relie le gland au pénis lui-même sur son côté inférieur suscite les sensations les plus intenses (l'équivalent, semble-t-il, de la sensation éprouvée par une femme lorsque son clitoris est stimulé). La longue crête, qui peut ressembler à une veine engorgée, qui longe le dessous du pénis est de même d'une très grande sensibilité.

La plupart des hommes aiment que leur pénis soit caressé ou tenu fermement. Mais ce qui vous semble "ferme" risque de lui paraître "timide". Ne commettez pas l'erreur de croire qu'il aimera que vous touchiez ses organes sexuels de la même façon que vous aimeriez qu'il touche votre région clitoridienne ou vaginale. Un homme établit la différence dans l'attouchement du pénis et du vagin en affirmant: "C'est un peu comme si on comparait une foreuse à un soufflé. Pour bien manipuler la foreuse, vous avez besoin de force et d'expérience, mais avec un soufflé, vous devez faire preuve d'un doigté qui requiert autant d'habileté que d'expérience."

Ce n'est que par essais et erreurs que vous découvrirez avec quel degré de fermeté il aime qu'on le touche, mais n'oubliez pas que la partie la plus sensible du pénis, c'est-à-dire le gland, réagit à des attouchements d'intensité variable. Le pénis lui-même est beaucoup moins sensible; vous pouvez l'agripper ou l'enserrer avec beaucoup plus d'énergie. Les hommes affirment que la plupart des femmes ne tiennent pas le pénis avec suffisamment de fermeté lorsqu'elles procèdent à un mouvement de va-et-vient. Un homme a défini comme une "sensation agréable" celle qui se situe quelque part entre "tenir une raquette de tennis et saisir le manche d'une casserole". Vous vous apercevrez souvent, en caressant ou en saisissant un pénis, que votre partenaire répondra encore mieux à un léger resserrement des doigts lorsque ceux-ci descendent.

Les testicules et l'anus

La peau des testicules est extrêmement sensible et réagit aux lappements et aux baisers. Vous pouvez aussi expérimenter en soufflant par saccades brèves et légères directement sur la surface de la peau. Une autre région particulièrement érotique s'étend de l'arrière des testicules à l'anus. Nombre d'hommes ont le sentiment qu'après le pénis, l'anus est la région la plus érogène de leur corps.

Il existe deux interdits très importants lors de l'attouchement de la région génitale d'un homme. N'appliquez pas davantage de pression sur le pénis et les testicules lorsqu'il est dans l'extase de l'orgasme. Ceci pourrait le distraire ou provoquer un malaise. Et ne saisissez jamais ses testicules avec vigueur, puisqu'il se tordra *certainement* de douleur.

La liste qui précède comprend l'ensemble des zones érogènes dont on a beaucoup parlé, mais on pourrait y ajouter presque toutes les parties du corps. Soyez attentive, de façon à vous apercevoir que vous venez de découvrir une région sensible chez votre amant. Son corps peut réagir, soit dans son ensemble, soit dans une de ses parties par une légère tension; il peut respirer un peu plus profondément ou laisser entendre un soupir; ses mains et ses pieds peuvent se raidir ou s'incurver légèrement. Il arrive que ses paumes ou la plante de ses pieds deviennent moites s'il est stimulé érotiquement dans une région particulièrement sensible. Le torse de certains hommes rosit ou rougit lorsqu'ils sont stimulés à un point extrême.

Il faut enfin bien se souvenir de ceci: ne confondez jamais un attouchement ferme avec des gestes secs. Les hommes aussi bien que les femmes réagissent très négativement à ce genre de pelotage. Des mouvements rapides et secs ne mènent pas à l'accouplement. D'une façon générale, des mouvements lents, réguliers et caressants sont de beaucoup préférables. Vous devriez commencer avec ces mouvements-ci puis les transformer peu à peu en caresses plus fermes en vous souvenant, encore une fois, que non seulement vos mains mais chaque partie de votre corps peuvent servir à toucher et à être touchées en retour.

11.

Faire l'amour à un homme

Il me semble que les femmes consacrent beaucoup plus de temps à apprendre à faire la cuisine qu'à apprendre à faire l'amour. La maîtrise de l'art du soufflé semble avoir plus d'importance que l'habileté et les connaissances requises par les aspects techniques simples de l'acte sexuel. Lorsque vous faites l'amour à un homme, vous voulez lui dispenser une expérience complète qui se résume dans un plaisir total. Sur le plan physique, ceci signifie que vous ne tentez pas seulement de le faire éjaculer mais de lui donner un orgasme plein et entier. Un homme a décrit ainsi la différence: "Un type de jouissance est centré sur mes organes génitaux; l'impression en est une de chaleur localisée et de détente. Mais l'autre type de jouissance, qui s'apparente me semble-t-il à l'orgasme féminin, ressemble à un feu d'artifice. La fusée s'envole dans mon pénis et une vague de spasmes parcourt tout mon corps." Toute femme peut facilement apprendre de quelle façon dispenser à l'homme ce genre de sensation physique dont l'*opportunité* et des *techniques* spécifiques constituent le secret.

Un facteur clé: choisir le bon moment

Nombre de femmes sont curieusement persuadées qu'elles devraient atteindre l'orgasme à l'intérieur d'une durée limitée et qu'un homme devrait atteindre le sien plutôt rapidement, un point c'est tout. Ceci découle peut-être du fait que, historiquement, on attendait d'une femme, "gentille" et "bonne" par définition, qu'elle soit passive et qu'elle permette à l'homme de parvenir à une jouissance rapide. Certaines femmes ont de même le sentiment qu'elles doivent absolument parvenir à l'orgasme avant que leur partenaire n'éjacule, ce que rien ne justifie. Ces attitudes contribuent à des accouplements rapides, dénués d'attentions. Une autre raison qui pousse nombre d'entre nous à faire l'amour dans un minimum de temps provient de nos horaires affolants, souvent démentiels. De nos jours, non seulement plusieurs d'entre nous nous occupons-nous des enfants, de la cuisine, du ménage, de nous garder en forme et de discuter avec le mécanicien du remplacement d'un silencieux, mais nous contribuons aussi aux revenus de la famille. Les maris ou les amants subissent une pression tout aussi forte. Il n'est guère surprenant que, dès 22 h 30, la plupart des gens se retrouvent dans un état voisin de l'épuisement. Dans ces conditions, bien que vous puissiez avoir envie de faire l'amour, vous risquez d'avoir tendance à agir rapidement, de façon à disposer de suffisamment de sommeil pour faire face aux lourds tracas du lendemain.

"La plupart des Américains font l'amour comme s'il s'agissait d'une course, souligne un sexologue. Il est certain que vous pouvez vivre un accouplement rapide et excitant, mais la plupart des femmes sont inconscientes du fait qu'il faut y mettre le temps pour vraiment faire l'amour à un homme." S'il ne s'agit que d'éjaculer, un homme peut y parvenir en très peu de temps; mais il en faut bien davantage pour lui dispenser le genre d'orgasme intense qui différencie l'art de faire l'amour de la simple routine sexuelle.

Plus grande sera l'excitation qu'un homme expérimente sur le plan physiologique, plus intense et dramatique sera son orgasme. Une femme sexuellement consciente prolongera l'érection d'un homme et retardera son éjaculation de façon qu'il expérimente (comme elle-même) un orgasme de la plus grande intensité. *Ni l'un ni l'autre* ne doit se presser, si vous voulez savoir à quoi ressemble un orgasme qui vous engloutira tous les deux.

La plupart des femmes préfèrent que leurs organes génitaux soient stimulés sans arrêt jusqu'à l'orgasme, mais il est possible de stimuler un homme jusqu'à ce qu'il soit près d'y parvenir, d'arrêter au moins plusieurs secondes, puis de recommencer. Cette accumulation du plaisir et ce ralentissement ouvrent la voie à un orgasme d'une extraordinaire intensité. On peut procéder à ce processus d'accumulation/ralentissement deux ou plusieurs fois avec la plupart des hommes. De tels cycles peuvent être répétés trois ou quatre fois, ou même davantage. Certains hommes affirment toutefois qu'ils éprouvent de la difficulté à atteindre l'orgasme s'ils parviennent trop souvent à la lisière. Essayez de l'y amener d'abord une ou deux fois, puis davantage à mesure que vous connaîtrez mieux vos rythmes. Demandez-lui s'il approche de l'orgasme de façon à savoir quand vous arrêter. Si votre position vous permet de voir ou de toucher ses organes génitaux, vous pourrez souvent comprendre qu'un orgasme approche parce que ses testicules deviennent compacts et ridés tout en commençant à remonter vers la cavité du corps.

Il existe une technique particulière dont se servent les amants expérimentés pour empêcher ou ralentir l'éjaculation. Agissant par pression, cette technique peut aider à produire une tension exquise. Elle requiert toutefois votre plus grande sensibilité et *ne doit être utilisée qu'avec précaution et uniquement avec la collaboration de votre partenaire*. Si votre partenaire veut essayer la technique par pression, demandez-lui de vous dire lorsqu'il approchera le point de non-retour. Lorsqu'il approche de l'orgasme, ses testicules, qui pendent habituellement dans les bourses, commencent à remonter vers la cavité du corps et les bourses elles-mêmes se contractent et se rident de façon à former une masse ronde et ferme. Saisissez le haut des bourses dans un anneau formé du pouce et de l'index en vous assurant que les testicules se trouvent sous cet anneau. Serrez délicatement ces deux doigts l'un contre l'autre et, en même temps, exercez de la main une pression vers son corps. Cette pression devrait être plutôt ferme. Demandez à votre mari ou à votre amant quelle est la pression qu'il préfère. La pression adéquate, maintenue de six à dix secondes, devrait effectivement empêcher l'orgasme. Si l'orgasme a cependant déjà commencé, n'essayez pas de l'arrêter. "Si une femme attend qu'un homme arrive à l'orgasme et arrête à ce moment-là de le stimuler, souligne un célibataire expérimenté, il risque de connaître un orgasme sans stimulation directe, l'une des expériences les plus frustrantes que puisse ressentir un homme sur le plan sexuel."

N'oubliez pas que vous êtes en mesure d'empêcher l'éjaculation tant par la technique par pression qu'en arrêtant tout mouvement une ou plusieurs fois, de façon à augmenter l'intensité de l'orgasme. Lorsque vous aurez retardé un orgasme, vous pouvez recommencer en poursuivant ce que vous faisiez, ou en bifurquant vers autre chose comme la position du missionnaire, ou la sexualité orale, ou même profiter d'un plus long répit pour boire un verre de vin ou changer de disque. Un délai qui survient à point peut être le prélude, pour la plupart des hommes, à un orgasme extraordinaire.

Vous vous apercevrez peut-être que certains hommes résistent d'abord à l'idée d'un accouplement prolongé parce qu'ils ne sont pas familiers avec le processus d'accumulation/ralentissement et veulent tout simplement poursuivre leur vieille habitude de parvenir rapidement à l'orgasme. Lorsque vous aurez tous deux expérimenté ce genre d'accouplement prolongé qui vous apporte un tel éventail de sensations et d'émotions, cependant, il est probable que vous voudrez encore et encore recommencer.

Outre ce ralentissement, il existe deux techniques particulières qui aideront un homme à ressentir un orgasme du genre "feu d'artifice": la position où la femme chevauche l'homme et la sexualité orale.

La femme chevauche l'homme

Cette position particulière demeure l'un des grands secrets de l'art de faire l'amour à un homme. Elle prolonge l'accouplement, stimule plus intensément la femme, et aide celle-ci à contrôler l'orgasme de son partenaire de façon qu'il soit plus intense.

Certaines femmes affirment qu'elles sont réticentes à proposer cette position, de crainte de paraître trop agressives. Nombre d'hommes croient au contraire qu'il s'agit là de la façon la plus érotique de faire l'amour. "Lorsqu'une femme me chevauche, souligne un homme, je suis en mesure de tout voir et de tout ressentir. Le fait de tenir et d'observer une femme qui se laisse aller a quelque chose de fantastique." Un autre homme se faisait l'écho de nombreux congénères en affirmant ceci: "Ne sous-estimez jamais le pouvoir des effets visuels sur l'homme. Si elle me chevauche, c'est pour que je la *voie*, c'est pour que je l'*aime*."

Le *Kâma sûtra*, un livre écrit il y a dix-sept siècles et consacré à l'art de la sexualité et de l'amour, recommande qu'une femme apporte à l'homme..."son aide en prenant son rôle à son compte..." Elle peut le faire de deux façons; la première lorsqu'elle se retourne durant l'accouplement et chevauche son amant de telle façon que l'accouplement se poursuive et sans en atténuer le plaisir; l'autre, lorsqu'elle joue le rôle de l'homme dès le départ. Des fleurs pendant de ses cheveux et ses sourires interrompus par une respiration rauque, elle doit alors écraser de ses seins la poitrine de son amant et, en abaissant fréquemment la tête, agir de telle sorte qu'il agissait auparavant lui-même.

L'abc de la chevauchée

L'homme étendu sur le dos, accroupissez-vous au-dessus de lui. Vos genoux et vos pieds se trouvent sur le lit, de chaque côté de ses cuisses, et vous le chevauchez. Faites porter votre poids également sur les deux jambes. Vous devrez probablement vous servir d'une main, ou des deux, pour garder l'équilibre; vous devriez vous appuyer à son torse ou encore unir vos mains aux siennes sur son torse pour un meilleur point d'appui. Insérez délicatement et lentement son pénis en érection en vous. Vous ne devriez éprouver aucun problème de lubrification si vous vous êtes servie d'une lotion ou d'une huile au cours du massage. Dans le cas contraire, appliquez le lubrifiant sur son pénis.

C'est ici que commencent les mouvements pelviens décrits au chapitre 6. Si vous vous êtes entraînée, vous serez en mesure de vous servir de différents mouvements. Vous pouvez exercer un mouvement circulaire du bassin et resserrer vos muscles internes tout en montant et en descendant le long de son pénis. Ou vous pouvez resserrer tout en allant et en venant dans la direction de ses épaules. Certaines femmes peuvent contrôler le pénis à un point tel qu'elles en font "basculer" l'extrémité contre le col de l'utérus, ce qui augmente de façon dramatique les sensations agréables. Certains manuels soulignent qu'il est possible d'opérer une rotation de 180 degrés et de faire face à ses pieds, mais nombre d'hommes ont le sentiment d'éprouver moins de sensations visuelles et tactiles et il s'agit là, comme l'explique l'un d'eux, d'un "effort en pure perte".

Lorsque vous chevauchez le bassin d'un homme et que son pénis en érection vous pénètre, il ressent une sensation de lappement, de caresse ou de lèchement plutôt que les sensations d'enserrement concentrées qu'il ressent lorsqu'il se trouve en position supérieure. L'ouverture du vagin est plus grande que lorsque vous êtes sous lui, les jambes moins ouvertes. Cet agrandissement fait que ses sensations sont moins intenses bien qu'elles le soient habituellement suffisamment pour lui permettre de maintenir son érection. Il ne risque guère de parvenir à un orgasme rapide à cause de la différence des mouvements de caresse et d'enfoncement, et il peut se sentir plus détendu à cause de sa position sur le dos. Il peut, bien entendu, participer autant qu'il le désire en allant au-devant de vos mouvements avec son bassin ou en guidant votre mouvement de va-et-vient en plaçant ses mains sur vos hanches. Ou encore, à l'instar de nombreux hommes, une fois fait à cette idée, demeurer sans bouger à observer et à apprécier ce que vous faites.

La chevauchée par la femme permet à celle-ci d'être plus profondément pénétrée et permet à ses zones les plus sensibles d'être en contact direct avec les organes génitaux de l'homme ce qui fait naître les sensations les plus vives. Ceci signifie que votre clitoris et la zone érogène environnante, y compris le vagin, sont stimulés davantage. Votre mari ou votre amant pourra désirer que ces sensations soient encore plus intenses en stimulant de la main votre clitoris ou vos seins. Vos réactions amplifiées, en retour, le rendront encore plus réceptif.

Lorsque vous êtes en position supérieure, si vous prenez votre temps, vous pouvez basculer tandis qu'il vous pénètre et vous ajuster lentement et soigneusement à la position dite "du missionnaire". Faites l'amour de cette façon un bout de temps puis chevauchez-le de nouveau ou passez à la sexualité orale tout en étant consciente de l'éventualité de son orgasme. S'il indique qu'il approche de l'orgasme, et que vous souhaitez tous deux prolonger votre accouplement, vous pouvez arrêter complètement durant quelques instants puis de nouveau remonter vers un crescendo. Ne tentez pas de trop en faire en même temps; essayer trop de positions en une seule fois peut vous donner à l'un ou l'autre ou à tous deux l'impression que vous participez à un genre d'olympiade du sexe.

Certaines femmes se rendent compte qu'elles peuvent assez aisément parvenir à l'orgasme lorsqu'elles chevauchent un homme, à cause de la grande intensité de l'excitation du clitoris. Si vous parvenez effectivement à l'orgasme, un autre avantage de cette position tient au fait que l'homme sentira peut-être les contractions de votre vagin, ce qui, bien sûr, le stimulera encore davantage. "L'une des raisons pour lesquelles j'aime que ma femme me chevauche, affirme un homme, c'est que je peux sentir ses contractions sans bouger ou sans m'enfoncer en elle, étant dans une position de détente qui me permet de ressentir tout ce qui se passe. Elle peut parvenir à autant d'orgasmes qu'elle le désire sans que je jouisse moi-même, tant que nous n'avons pas le sentiment tous les deux que le moment est venu."

La sexualité orale

Une enquête sur la sexualité, menée en 1980 par *Redbook* auprès de 26 000 personnes des deux sexes, a révélé que "le sujet dont on discutait le plus" avait trait à la fréquence des rapports sexuels. La sexualité orale venait au second rang. L'une des observations fondamentales découlant de l'enquête veut que "chez la femme, un pourcentage plus élevé de celles qui disaient aimer la sexualité orale qualifiait de bonnes ou d'excellentes leurs relations sexuelles". N'oubliez pas, toutefois, que vous n'êtes pas obligée d'aimer la sexualité orale pour vivre une vie sexuelle agréable, concluaient les auteurs; vous devez plutôt "être capable de dire à votre partenaire ce qui vous plaît et ce qui vous met mal à l'aise".

The Joy of Sex souligne que la sexualité orale, jadis taboue, est devenue de nos jours presque obligatoire. Mais, quel que soit son caractère obligatoire, nombreuses sont encore les femmes qui s'y sentent mal à l'aise. La façon la plus efficace de faire face au problème consiste sans doute à exposer à votre mari ou à votre amant votre sentiment. Une discussion franche peut faire des miracles en mettant à jour les fausses informations, les fausses conceptions et les possibles rancoeurs cachées. La sexualité orale ne constitue certes pas une obligation, mais avant de l'écarter complètement, vous voudrez sans doute savoir pourquoi les hommes y attachent tant d'importance.

Presque sans exception, les hommes avec qui j'ai parlé m'ont fait part de leur insatisfaction face à la sexualité orale. Plusieurs hommes se plaignent que, même si les femmes acceptent de mieux en mieux la sexualité orale parce qu'elles croient que c'est ce que les hommes veulent, elles n'en comprennent pas vraiment l'importance, ne savent pas très bien comment s'y prendre, et reculent à l'idée d'apprendre. ''J'apprécie que mon mari me lèche le sexe, affirme une femme mariée depuis deux ans, mais je ne suis pas assez sûre de moi quand vient le temps de lui rendre la pareille. Je suis beaucoup trop mal à l'aise pour lui demander comment faire.''

Selon des enquêtes informelles récentes, la sexualité orale est la forme la plus en demande auprès des professionnelles. Qu'ils l'admettent ou non, la sexualité orale *est* importante aux yeux de la plupart des hommes. Ceux-ci, de même que la société dans son ensemble, ont l'impression que le pénis est le symbole de leur masculinité. La majorité des hommes veulent que les femmes reconnaissent leur état de mâles en acceptant le pénis sur un plan tant physique qu'émotionnel et en s'impliquant d'une façon ouverte, joyeuse et dénuée d'anxiété. Non seulement ceci représente-t-il à leurs yeux une acceptation et une reconnaissance de leur propre sexualité, mais certains voient dans la sexualité orale une expérience aussi intense et signifiante que la pénétration du vagin d'une femme.

Bien que de nombreux hommes décèlent dans la sexualité orales des connotations émotionnelles significatives, il existe aussi des raisons physiques spécifiques qui en font un élément important de l'art de faire l'amour. Vous exercez sur votre bouche et vos mains un contrôle beaucoup plus grand que vous ne le faites sur votre vagin. Votre bouche et vos mains peuvent dispenser à votre partenaire une variété de sensations exquises qui peuvent l'amener fois après fois tout près de l'orgasme. Grâce aux techniques orales, vous ne vous en remettez plus uniquement au va-et-vient du pénis et du vagin pour lui donner du plaisir. Vous avez le contrôle et êtes en mesure de jouer avec un éventail complet de réactions de la part de votre mari ou de

votre amant, de façon à lui dispenser un maximum de sensations.
"La sexualité orale rend plus intenses les sensations que l'on éprouve à l'intérieur d'une femme, affirme un homme. Tout y est encore plus précis. Lorsque la stimulation orale se fait en combinaison ou en alternance avec la sexualité génitale, elle peut être l'une des meilleures façons physiques de propulser quelqu'un vers l'orgasme le plus extraordinaire qui soit."

En vous servant de techniques orales, vous pouvez d'abord le stimuler et l'exciter puis reproduire toutes les sensations qu'il éprouve en vous pénétrant, sans compter que vous pouvez lui dispenser une plus grande variété de sensations. Votre bouche peut se transformer à la façon d'un vagin en un passage étroit pour son pénis; elle peut aussi le sucer avec un mouvement de va-et-vient. Vos lèvres peuvent l'embrasser d'innombrables façons. Votre langue peut lui dispenser un éventail presque infini de sensations selon que vous vous servirez de la pointe ou de la totalité, soit plate, soit arrondie. Vos lèvres peuvent pincer, lécher, tracer. Vos mains peuvent, par d'innombrables mouvements, caresser et stimuler ses organes génitaux et elles peuvent agir en accord avec votre bouche pour lui dispenser le maximum de sensations. Ce ne sont là que quelques-uns des plaisirs d'une sexualité orale raffinée.

"La sexualité orale, souligne une femme d'une grande expérience, n'a pas à voir qu'avec une bouche et une queue. Elle a à voir avec le fait de se mettre quelque chose dans la bouche. Il n'y a rien de mieux qu'un pénis, mais les orteils, les cils, les doigts produisent des sensations extraordinairement excitantes. Autrefois je lisais à ce sujet dans les livres sur la sexualité et je me disais qu'il ne s'agissait de rien d'autre que des mots, mais j'ai essayé et ça marche. Je crois vraiment que ma bouche est un instrument qui peut servir à ravir, à distraire, à retarder et à intensifier les orgasmes de mon mari."

Si la sexualité orale vous met mal à l'aise, mais que vous voulez tenter l'expérience, allez-y étape par étape. La plupart des hommes vous en apprécieront et vous diront que l'effort en vaut la peine, ce qui devrait vous aider à vous motiver.

L'abc de la sexualité orale

Si vous avez déjà fait quelques lectures au sujet de la sexualité orale, vous en avez probablement gardé l'impression qu'elle implique un mouvement physique assez simple. C'est vrai et ça ne l'est pas. Vous pouvez toujours sucer un pénis avec naturel, facilement et rapidement. Il est toutefois plus difficile d'en faire un art. Il n'y a là rien de magique; sucer est une activité naturelle mais on peut en apprendre les raffinements. Ceux-ci font la différence entre l'amour élémentaire et la sophistication.

Une sexualité orale experte repose sur deux secrets. Il s'agit tout simplement de vouloir avant tout donner du plaisir à votre homme et d'apprendre à vous concentrer totalement sur ce que vous faites.

Apprendre la sexualité orale ressemble un peu à apprendre à nager. Il vous faut d'abord prendre le *risque* de vous lancer à l'eau et d'apprendre à flotter. En appliquant ce principe à la sexualité orale, vous devez d'abord décider que vous *voulez* vous y lancer et commencer. Lorsque vous apprenez à nager, vous devez apprendre à respirer, à battre des pieds et des mains, et à acquérir de la vitesse. Lorsque vous pratiquez la sexualité orale, vous devez vous souvenir de procéder avec votre bouche à un mouvement de va-et-vient, vous souvenir de votre rythme, contrôler vos attouchements et coordonner les mouvements de vos mains et de votre bouche. Une fois maîtrisées ces données de base, ce qui est relativement facile, vous voudrez peut-être franchir une autre étape et vraiment perfectionner cette technique. La nature vous viendra en aide: ces mouvements sont instinctifs, naturels, et il suffit d'un peu d'entraînement pour les maîtriser. Le mieux à faire, c'est encore de *demander* à votre mari ou à votre amant de guider votre tête ou votre bouche avec sa main de façon que vous y alliez avec le rythme et les caresses qui correspondent à ses propres préférences. Un minimum d'entraînement permet d'acquérir les techniques de base qui, devenues automatiques, vous permettent de commencer à les perfectionner puis de devenir une véritable experte.

Il importe de se souvenir que *tous les mouvements doivent être continus.* Vous ne voudriez pas qu'il arrête de caresser votre clitoris lorsque vous êtes intensément stimulée; ayez donc autant de considération à son égard.

Imaginez que votre bouche ressemble à l'ouverture d'un vagin et que vos mains sont une extension de votre bouche. Commencez en léchant de la langue son pénis. Rendez votre langue aussi pointue et effilée que possible et servez-vous-en pour explorer délicatement les régions situées aux alentours de la partie la plus sensible, le gland. Si vous commencez à ressentir à ce point qu'il s'agit là de quelque chose de sale ou de déplaisant, ou encore si vous éprouvez de la tension, contrôlez votre esprit et tentez de vous *concentrer* complètement sur ce que vous faites.

Ne pensez à rien d'autre qu'à pointer votre langue et commencez à lécher et à caresser le pénis en faisant porter votre attention sur la saillie qui court le long de sa partie inférieure. Allez plutôt lentement et vous serez sans doute en mesure de sentir la saillie avec votre langue. Faites aller doucement votre langue sur la petite membrane qui joint le gland au corps du pénis; chez la plupart des hommes, il s'agit là de la partie la plus absolument sensible du pénis. Détendez-vous, n'oubliez pas de respirer et improvisez quelque peu. Vous voudrez peut-être lécher ou embrasser le pénis ou encore le caresser sur le sens de la longueur avec votre langue.

Revenez au point de rencontre du gland et du corps du pénis. *Prenez votre temps*; vous n'êtes pas au feu. Agissez par mouvements doux et fluides. Enveloppez maintenant le pénis de votre bouche. Celle-ci devrait être grande ouverte, les lèvres tirées le plus possible en un ovale serré qui couvre les dents, le pénis reposant sur la langue. Encore une fois, si ce que vous faites provoque des questions d'ordre mental, *concentrez-vous totalement* sur vos actions physiques.

La très importante friction orale peut maintenant commencer, friction grâce à laquelle votre bouche et votre langue imitent les mouvements réciproques et l'action de pétrissage du vagin. Opérez un mouvement de va-et-vient avec la bouche le long du pénis en n'oubliant jamais que vos lèvres devraient donner l'impression d'un vagin confortable. Commencez lentement et augmentez subtilement votre vitesse avec chaque mouvement de pénétration.

Ce qui a le plus d'importance dans la sexualité orale demeure sujet à controverse. Certains hommes prétendent que plus leur pénis s'enfonce profondément dans la bouche, plus ils sont satisfaits. D'autres ont l'impression que, le gland du pénis étant la région la plus sensible, la bouche n'a qu'à couvrir cette région, et de 3 à 5 cm (1 ou 2 pouces) du corps du pénis. Si votre mari ou votre amant appartient à cette dernière catégorie, servez-vous de vos mains comme extension à votre bouche. Faites de votre pouce et de votre index un anneau confortable autour du pénis de sorte que votre bouche le touche ou soit à proximité. Bougez votre main en un mouvement de va-et-vient le long du corps du pénis au même rythme que votre bouche. Lorsque votre bouche descend sur le pénis votre main descend de même et vice versa. Vous pouvez aussi vous servir de votre autre main pour vous occuper des parties exposées du pénis par mouvements sensuels et délicats le long du corps du pénis, des testicules et de l'anus.

Un secret fort intéressant et peu connu consiste à verser dans votre main une petite quantité de lotion corporelle et à en enduire le pénis. Nombre d'hommes affirment que la salive n'est généralement pas suffisante et le lubrifiant agit davantage à la façon de vos sécrétions vaginales, ce qui permet à votre main d'y aller de mouvements fluides et réguliers tout en stimulant davantage le pénis. Servez-vous d'une lotion ou d'une huile *insipide*, glissante et qui ne sèche pas; plusieurs hommes recommandent Nutraderm de même que l'huile minérale. La gelée chirurgicale K-Y est elle aussi utilisée sur une grande échelle mais elle tend à sécher plus rapidement. Deux femmes avec qui j'en ai discuté affirment qu'elles n'aiment pas le goût médical des lubrifiants. On solutionne habituellement ce problème en n'appliquant le lubrifiant que sur la partie du pénis qui se trouve en contact avec la main.

Si votre homme est un de ceux qui croient en la technique des avaleuses de sabres, essayez d'enfoncer son pénis le plus possible dans votre bouche. Une de mes amies m'a patiemment expliqué que le truc dont Linda Lovelace se servait consistait à se renverser la tête au bord d'un lit, de façon que sa bouche et sa gorge ne forment qu'un très long passage. La longueur du pénis que vous pourrez faire pénétrer dans votre bouche dépend de la longueur même du pénis, de même que du format et de la forme de votre bouche. Si vous avez enfoncé le plus possible son pénis dans votre bouche et que vous amorcez le mouvement de va-et-vient ou encore s'il commence à bouger avec force, vous vous apercevrez sans doute que vous avez tendance à avoir des nausées. Dans ce cas, ne vous sentez pas embarrassée: il s'agit là parfois d'une réaction naturelle. Accordez-vous une seconde de répit, prenez une longue respiration qui détendra vos muscles, et poursuivez. À la longue, le sommet de votre gorge sera exercé, ce qui aide à éliminer la sensation de nausée, quelle que soit la force de la pénétration.

Lorsque vous avez commencé à pratiquer le mouvement de va-et-vient avec votre bouche (et vos mains, si c'est là ce qu'il préfère) sur son pénis, *prenez votre temps* et accélérez lentement votre rythme. Une véritable experte de la sexualité orale intensifiera encore davantage les sensations qu'elle prodigue en se servant continuellement de ses mains en même temps que de sa bouche. C'est ici que votre travail antérieur de détective vous servira. Après quelques sessions, vous devriez savoir ce qui lui donne le plus de plaisir et vous servir de vos mains pour caresser, câliner, pincer ou parcourir les régions voisines des organes génitaux tout en vous servant de votre bouche. Si vous avez envie de faire l'expérience de sensations différentes, vous pouvez toujours essayer quelque chose d'aussi simple que de boire du thé ou du cidre ou encore de l'eau glacée avant de prendre son pénis dans votre bouche. Les sensations de chaud et de froid transmises par votre langue peuvent constituer toutes deux des découvertes intéressantes à ses yeux.

Vous pouvez vous servir de la sexualité orale aussi bien comme façon de prolonger l'accouplement que comme fin en soi. S'il ne s'agit que d'un mode de stimulation, vous arrêterez avant que l'homme parvienne à l'orgasme et bifurquerez vers la position où vous le chevaucherez ou vers toute autre position qui vous agrée. Si, par contre, vous désirez tous deux aller jusqu'à l'orgasme, vous devez faire face à l'idée d'avaler son sperme. Ne faites rien qui vous rebute. Certains hommes voient un signe d'amour très particulier dans le fait qu'une femme accepte d'avaler leur sperme. D'autres n'en font pas une montagne, mais il s'agit au bout du compte de ce qui vous met à l'aise ou non.

Les positions

Selon la plupart des hommes, la plus grande différence entre la sexualité génitale et la sexualité orale est émotionnelle et non physique. La sexualité orale peut être l'un des cadeaux les plus empreints d'amour qu'une femme puisse donner, mais, d'après les hommes, la sexualité génitale demeure la plus gratifiante à cause du sentiment d'unité, de liaison, de partage et d'intimité totale qu'elle confère.

La sexualité génitale propose une infinité de positions dans lesquelles il est possible de faire l'amour tout en augmentant et en intensifiant le plaisir d'un homme. Ces positions dépendent de la façon dont son corps et le vôtre sont bâtis. Celles où il ressent les sensations les plus vives et le plus grand plaisir sont celles où le pénis s'insère le plus confortablement possible dans le vagin.

Certains hommes trouvent que la position dite "du missionnaire", où l'homme est étendu sur la femme, leur donne le plaisir le plus intense. D'autres préfèrent la position ventre-à-dos. Une forte proportion d'entre eux affirment qu'ils trouvent très gratifiante la position où les genoux sont repliés sur la poitrine et nombre de femmes abondent dans ce sens. Sur le plan physiologique, il existe de bonnes raisons pour lesquelles les deux sexes favorisent cette position. Les genoux de la femme étant appuyés à sa poitrine tandis que ses jambes dépassent les épaules de l'homme, cette position est habituellement celle où le vagin est le plus allongé et le plus dilaté. Le pénis s'y insère ainsi confortablement. Elle a aussi d'autres avantages. La pénétration par l'homme est beaucoup plus profonde et plus agréable pour la femme, chez qui chaque mouvement produit une intense friction de la région génitale.

Chaque homme et chaque femme doivent trouver ensemble les positions qui leur donnent la plus grande pénétration, les plus grandes frictions et le maximum de plaisir. Lorsque vous utilisez ces positions, n'oubliez pas de vous servir des techniques de prolongation. En d'autres termes: lorsque vous associez les techniques de prolongation aux positions sexuelles qui vous sont le plus agréables à tous deux, vous pouvez, ainsi que l'a exprimé un homme dans un élan poétique, "découvrir la sensation océane du bonheur et l'expérience extatique de l'unité".

12.

Oui, il est possible de parler simplement de sexualité

Il fait la plupart du temps l'amour dans la position dite "du missionnaire". Vous aimeriez découvrir ce que vous ressentiriez en adoptant pour un temps la position supérieure. Pouvez-vous le lui dire?

Vous désirez qu'il vous embrasse ou vous touche ici et ici et *là*. Comment le lui faites-vous comprendre?

Vous aimeriez faire l'amour au clair de la lune sous un jacaranda dans un jardin. Est-il conscient de vos désirs romantiques?

Vous aimeriez pratiquer l'amour anal, fût-ce une seule fois. Vous ne pourriez jamais le lui dire, n'est-ce pas? (Lui aussi aimerait en faire l'expérience, mais à quoi bon? C'est beaucoup trop sale pour en parler, alors il se tait lui aussi.)

Vous aimeriez savoir si *ses* pensées érotiques ressemblent aux vôtres, mais comment amorcez-vous une telle discussion?

Existe-t-il une *seule* façon de parler simplement de sexualité? La communication n'est-elle pas l'un des facteurs les plus importants de l'art de faire l'amour, si l'on en croit chaque manuel, chaque texte et presque chaque livre moderne portant sur la sexualité? "Plus que tout autre facteur, relève l'enquête sur la sexualité de *Redbook*, la capacité de faire part de ses préférences et de ses sentiments face à la sexualité constitue la clé d'une vie sexuelle agréable." Communiquer, en termes de sexualité, signifie que vous dévoilez vos besoins, vos sentiments et vos désirs personnels les plus intimes, une tâche qui s'avère extrêmement difficile pour la plupart d'entre nous. Mais il *est* possible d'aborder le sujet et de parler de ce que chacun attend de l'autre. Certaines personnes seront plus directes et précises lorsqu'elles discutent de sexualité; d'autres seront extrêmement gênées ou mal à l'aise. Il ne faut cependant pas oublier que, quel que soit son genre ou le vôtre — direct, subtil, timide, embarrassé —, une conversation portant spécifiquement sur vos besoins demeure essentielle.

Au début d'une relation, chacun tente habituellement de montrer à l'autre ce qu'il aime par le truchement de la communication non verbale. Nous faisons comprendre de façon générale nos préférences à autrui en lui touchant et en lui guidant les mains, la tête et le corps. Certains hommes et certaines femmes qui se connaissent bien l'un l'autre se montrent comment ils aiment être stimulés en se masturbant devant leur partenaire; mais peu importe à quel point une telle manifestation peut être révélatrice, plusieurs couples se sentent mal à l'aise à l'idée d'agir ainsi. Les méthodes non verbales sont efficaces jusqu'à un certain point, mais plusieurs d'entre nous ne saisissent pas les messages qu'ils reçoivent parce qu'ils ne sont pas suffisamment clairs ou spécifiques. Dans ce cas, *parler* demeure encore la façon la meilleure et la plus directe de s'assurer que ses, et vos, besoins sexuels soient satisfaits.

Quels sont le meilleur endroit et le meilleur moment pour parler de la sexualité? Les avis divergent considérablement, mais la plupart des hommes avec qui j'ai discuté de ce problème ont le sentiment que l'endroit où il est le plus aisé de le faire demeure partout ailleurs qu'au lit. De même le moment doit-il être bien choisi. Le matin semble avoir la préférence. "Je pense qu'il est plus difficile de parler de sexualité lorsque vous êtes au lit, affirme un avocat articulé. Nous avons alors tendance, Anne et moi, à procéder par comparaison avec la dernière fois que nous avons fait l'amour. Nous nous sommes aperçus que nous pouvions discuter franchement en évitant plus facilement ce système de pointage en prenant notre café dans la cuisine." Une femme qui éprouve beaucoup de difficulté à parler de sexualité affirme pour sa part qu'elle peut aborder le sujet "sans trop d'anxiété" en dînant dans l'intimité d'un restaurant. "Je peux parler de sexualité avec plus de détachement dans un lieu public, explique-t-elle. Sans compter que ça nous excite tous les deux."

Briser la glace

Comment, précisément, pouvez-vous aborder le sujet de la sexualité? Les idées qui suivent m'ont été fournies par les hommes et les femmes que j'ai interviewés.

"Abordez un sujet controversé, recommande une femme. Dites quelque chose du genre: "Mon amie Alison est impliquée dans une histoire à trois, qu'est-ce que tu en penses?" ou "J'ai lu quelque part que 42 p. 100 des hommes veulent pratiquer le coït anal mais qu'ils ont peur de le demander; penses-tu que c'est vrai?" Une fois l'appât lancé, estime une de mes amies, "le sujet de la sexualité est habituellement irrésistible... Cela brise la glace et facilite le passage de vos opinions et des siennes à des domaines spécifiques qui vous intéressent tous les deux."

Une autre façon d'entreprendre une discussion sur la sexualité consiste à demander à votre mari ou à votre amant de lire un article ou un livre que vous croyez à la fois dérangeant et valable sur le plan de l'information. *The Pleasure Bond*, le livre sage et rassurant de Masters et Johnson, contient des trésors d'information sur l'importance de la communication, sur le toucher, la jalousie, la fidélité et autres sujets controversés qui sont au coeur d'une relation. Trois livres de poche à la fois fins et utiles, qui ont fait leurs preuves et contiennent leur part de vérité, *The Sensuous Woman, The Sensuous Man* et *The Sensuous Couple,* fournissent tous d'excellents points de départ pour une discussion portant sur les attouchements érotiques, la sexualité orale et anale, l'impuissance, la bisexualité, et un éventail d'autres sujets. Vous pouvez facilement vous amuser à les lire à haute voix à votre partenaire, au cas où il reculerait devant l'idée de les lire lui-même.

Une autre approche intéressante, qui accomplit des merveilles pour quelqu'un dont la gêne est exceptionnelle, est celle qu'utilisent souvent les acteurs et les actrices lorsqu'ils doivent paraître en public sans le secours d'un scénario. Dans ce cas, plusieurs commencent par lancer: "Je suis si énervée...",ce qui peut être vrai ou non. L'affirmer, toutefois, aide à surmonter toute possibilité de nervosité et gagne la sympathie de l'auditoire. Ils poursuivent souvent par une phrase du genre: "J'ai de la difficulté à vous confier que...", ce qui de même peut être vrai ou non, mais sert aussi à obtenir de la part de l'auditoire plus d'attention et plus de sympathie. Ils ont alors toute latitude de dire ce qu'ils veulent d'une façon très efficace.

Des réponses précises

J'ai découvert en cours de route qu'il était plus facile d'interroger les hommes que les femmes sur des questions précises par rapport à la sexualité. Ils sont plus ouverts, plus à l'aise et, de façon surprenante, éprouvent de la gratitude d'avoir l'occasion de parler de ce qu'ils veulent et de la manière dont ils le veulent. Vous vous apercevrez que la plupart des hommes parlent de la sexualité sans la moindre gêne; le sachant, vous vous éviterez une bonne dose de tâtonnements, d'anxiété et de problèmes en abordant les détails aussitôt que possible avec votre mari ou votre amant.

Comment aborde-t-on effectivement les détails? Disons que vous aimeriez essayer quelque chose que vous n'avez encore jamais fait, — la sexualité orale, par exemple, ou vous embrasser les organes génitaux — mais que pour le moment ni l'un ni l'autre n'a soulevé la question. Comment faites-vous pour dire ce que vous aimeriez? Une femme de grande expérience recommande de demander ceci à un homme: "Que sais-tu que j'ignore?"

Elle affirme qu'il s'agit là d'une "méthode éprouvée, qui vous permettra à coup sûr de savoir ce qu'*il* désire. Vous pouvez alors lui exposer ce que *vous*, vous désirez. La plupart des hommes sont ravis de faire étalage de leur savoir-faire sexuel en vous enseignant ce qu'ils croient que vous ignorez, et cela leur donne l'occasion d'explorer des voies dans lesquelles ils auraient peut-être aimé s'enfoncer s'ils n'avaient craint de le demander."

Et si une certaine monotonie s'installe et que vous vouliez tenter autre chose sans blesser son orgueil en lui laissant entendre qu'il n'a pas autant d'imagination que vous le souhaiteriez? Vous pouvez adopter la solution proposée par Helen. Après un an de mariage, Helen dut enfin reconnaître qu'elle souffrait d'ennui dans la chambre à coucher. Femme d'une très grande sensualité, elle avait eu plusieurs amants avant d'épouser Jim. Élevé dans un milieu très strict sur le plan religieux, celui-ci avait divorcé de sa première femme, qui avait été jusque-là sa seule et unique partenaire sexuelle, pour épouser Helen. "Je suis profondément amoureuse de Jim, devait affirmer Helen, mais je savais que je ne serais pas heureuse dans un mariage aussi plat sur le plan sexuel. Jim était toujours fondamentalement naïf face aux relations sexuelles et se sentait plutôt mortifié du fait que j'avais été au lit avec de nombreux hommes avec qui j'avais fait des tas de choses. Un jour, j'ai eu une idée. Un samedi matin, alors que nous parlions au lit peu après notre réveil, je lui ai raconté que je venais de faire le plus merveilleux des rêves. Je lui ai décrit comment nous faisions l'amour sur une plage pendant que l'eau déferlait sur nous, je lui ai décrit les merveilles qu'il me faisait, qu'il me léchait, m'embrassait, me mordait, me plantait de toutes les façons imaginables. Cela l'a vraiment beaucoup excité. Ce moment a marqué le début d'une nouvelle étape dans notre vie. Ce qu'il ignorait, ce qu'il ignorera toujours, c'est que j'avais vécu chacune de ces expériences."

Vous devez vous sentir libre d'exprimer ce que vous désirez, de même que ce que vous ne désirez pas. Il arrive souvent que, pour des raisons d'ordre physique ou émotionnel, vous n'ayez pas envie de faire l'amour lorsqu'il le désire, et vice versa. L'élan sexuel ne se situe pas au même niveau chez tous les hommes et toutes les femmes, sans compter que l'intérêt sexuel varie presque tous les jours. Vous pouvez être férocement affamée de sexe alors qu'il ne l'est pas. Ceci peut découler de difficultés qu'il éprouve au travail ou face à ses obligations financières, ou de toute autre raison. Peut-être ne semble-t-il pas anxieux pour le moment, mais éprouve-t-il tout simplement moins d'intérêt pour la sexualité. Souvenez-vous des moments où vous étiez vous-même moins intéressée. Si vous avez établi une relation claire et compréhensive, il devrait pouvoir vous dire avec amour, sans heurter vos sentiments, qu'il n'a tout simplement pas envie d'avoir des relations sexuelles. Vous devriez être vous aussi capable de le lui dire. Il est humain, normal et parfaitement naturel de se trouver parfois sur différentes longueurs d'ondes sur le plan sexuel. Dans plusieurs cas, les blocages sexuels disparaissent lorsque vous commencez à discuter de ce qui vous trouble, ce qui vous conduit à faire l'amour. Si l'absence de participation persiste toutefois plus de dix jours chez l'un ou l'autre, il est sage de discuter à fond avec votre mari ou votre amant, de façon à déceler si le problème ne résulte pas d'une colère ou d'une hostilité cachée. Si vous ne parvenez toujours pas à découvrir la cause de son manque d'intérêt sur le plan sexuel, il ne peut faire de tort de consulter d'abord un médecin puis, le cas échéant, un conseiller sexuel.

13.

Faire face aux problèmes d'érection

Imaginez-vous un homme coiffé d'une grosse ampoule électrique qui s'allume chaque fois qu'il a une érection. Lorsqu'il aperçoit une femme sexy au bureau, l'ampoule commence à se réchauffer. Lorsqu'il surprend sa femme en déshabillé vaporeux, l'ampoule brille davantage. Lorsqu'elle lui touche le sexe, le voltage est au maximum et cette ampoule brille comme un phare. Imaginez maintenant la même scène de chambre à coucher, l'ampoule sur la tête, mais qu'il ne se passe RIEN. Bang. Un noir complet qu'il est impossible de ne pas remarquer. C'est l'impression que l'on ressent lorsqu'on est aux prises avec un problème d'érection.
— *Un administrateur d'une maison d'édition*

Il n'existe probablement aucun homme qui n'ait eu, à un moment ou un autre de sa vie, de la difficulté à avoir ou à maintenir une érection. L'homme, ne l'oubliez pas, ne maîtrise pas ses érections, quelle que soit la ferveur de ses désirs en ce sens. Un blocage peut résulter de n'importe quelle cause: trop d'alcool, trop de tension, l'énervement de la première fois, une femme insouciante ou insensible, ou tout simplement parce que cet homme ne se sent pas pour le moment très sexuel. La majorité des hommes passent par ces expériences occasionnelles ou temporaires sans être impuissants pour autant. L'incapacité de parvenir à l'érection peut toutefois revêtir un caractère insidieux et effrayer un homme, surtout si le problème semble surgir de nulle part. Imaginons que le problème se présente une première fois puis se représente le lendemain. Il commence à s'inquiéter; son inquiétude se transforme en peur d'être *réellement* impuissant. La peur se nourrit rapidement d'elle-même, provoquant au bout du compte un problème beaucoup plus sérieux, l'impuissance chronique. Il va de soi qu'il est préférable de faire face à la situation au plus tôt.

La plupart des hommes ont des érections plutôt fermes au réveil ainsi que deux ou trois fois durant leur sommeil. Les problèmes d'érection de ces hommes au cours de leurs relations sexuelles ne découlent pas de causes physiques. Le faible pourcentage d'hommes chez qui l'impuissance découle de causes physiques n'a habituellement pas d'érections nocturnes ou matinales.

Les hommes qui éprouvent des problèmes tant psychologiques que physiques n'ont pas à désespérer pour autant: Masters et Johnson rapportent qu'ils ont guéri plus de la moitié des hommes impuissants qu'ils ont traités et des progrès importants ont été accomplis récemment dans le but de traiter et de guérir ceux dont l'impuissance est de nature physiologique.

La meilleure façon de solutionner un problème durable chez un homme consiste à lui recommander avec tact de songer à consulter un thérapeute sexuel qualifié et/ou un médecin et de subir un examen médical complet.

De quelle façon pouvez-vous aider un homme dont le problème d'érection est occasionnel ou récent? Vous pouvez faire beaucoup, si vous vous souvenez que dans son cas l'incapacité de parvenir à une érection découle presque toujours d'une peur fondamentale sur le plan sexuel: l'anxiété face à l'idée de performance. Les thérapies recommandées par les experts sexuels prévoient que, d'une façon ou d'une autre, l'homme se retrouvera au lit avec la femme et qu'il verra son attention détournée des relations sexuelles.

Vous pouvez, comme première solution, montrer de la sympathie. La plupart des hommes éprouveront des réticences à discuter du problème, mais puisqu'il n'existe aucune échappatoire, il est préférable de faire face à la situation en abordant le sujet le plus directement possible. Rassurez-le en lui expliquant que vous êtes en mesure de comprendre ses difficultés. Dites-lui que vous êtes consciente des peurs qu'il éprouve et que vous pouvez imaginer à quel point la situation le rend anxieux. Mettez ensuite au point avec lui un plan d'une nature telle qu'il ne se sentira pas obligé d'accomplir des miracles. Masters et Johnson travaillent en se servant de la méthode suivante: ils demandent à leurs patients de procéder à des caresses du dos, du visage, des bras et des jambes, caresses qui ne provoquent pas d'anxiété (voir chapitre 9). Le lendemain, ils leur permettent de manipuler les organes génitaux de leur partenaire, l'accouplement seul étant interdit. L'homme parvient assez rapidement à une érection spontanée, et il a la permission d'en faire peu à peu usage. L'attitude en est fondamentalement une de détente, dénuée de menace: si l'homme a une érection, tant mieux; sinon, il y a toujours demain.

Un homme m'a confié qu'une femme, aux prises plusieurs nuits durant avec son impuissance, avait fait face à la situation en lui annonçant avec autant d'affection que de gaieté: "Je vais passer la nuit avec toi, mais nous ne ferons pas l'amour." Il ajoutait que "puisque je n'avais *pas* à avoir d'érection, tout en étant affectueux et détendu, tout s'est passé automatiquement".

Un autre moyen de faire face à l'impuissance temporaire consiste à vous limiter aux préliminaires à toutes les deux nuits. Une érection survient habituellement au bout d'une semaine ou de dix jours, mais n'oubliez pas que même si votre partenaire parvient à une érection, vous devriez mettre l'accent sur l'affection et la stimulation sensuelle plutôt que sur la performance tant que ses érections ne surviennent pas avec régularité.

Une amie m'a raconté l'histoire de Monique, qui se trouvait aux prises avec ce qu'elle qualifiait non sans charme d'"amant réticent". "J'ai tenté de faire en sorte qu'il se sente dans un autre monde, dit-elle, de l'éloigner de ses points de repère, de lui donner l'impression que ce n'était pas à *lui* d'accomplir des miracles." Une partie du traitement unique dispensé par Monique consistait à parler à son amant réticent dans un français romantique, ce qui était une façon pour le moins brillante de détourner son attention de son pénis. Le traitement a eu d'heureux résultats et ses problèmes d'érection ont disparu. Parisienne, Monique affirme que le vieux dicton français, selon lequel "il n'y a pas d'hommes impuissants; il n'y a que des femmes malhabiles", contient sa large part de vérité.

14.

Escapade au *sex shop*

C'était une de ces journées humides et étouffantes du mois d'août que l'on devrait tout au plus passer paresseusement dans une chaise longue, à manger des bonbons et à siroter des crèmes de menthe dans un boudoir climatisé. Malheureusement pour moi, je ne pouvais m'abandonner à ce genre de plaisir. Ce jour du mois d'août, je me dirigeais vers le gymnase, décidée à contrecarrer les effets de mes récents excès de rafraîchissements. En cours de route, j'avais aussi décidé de terminer dès ma sortie du gymnase certaines recherches essentielles que je remettais depuis trop longtemps au lendemain.

À mon arrivée au Sheridan Square Health Club, je fus accueillie par Lenny Russell, propriétaire et âme dirigeante de l'endroit.

— La climatisation ne fonctionne pas très bien aujourd'hui, me lança-t-il, mais vous vous en sentirez mieux.

— Merci, Leonard, répondis-je. Tu me rappelles ma mère: elle disait que je devrais toujours voir le bon côté des choses.

Quelques mois plus tôt, en préparant un reportage sur les meilleurs gymnases de New York, j'avais interviewé monsieur Russell, un connaisseur. Il m'avait lancé avant de nous quitter: "Vous devez retrouver votre forme, ma petite dame. Vous pouvez vous entraîner ici."

C'est ainsi que je suis devenue la seule femme à fréquenter ce gymnase réservé aux culturistes mâles. En m'enfermant dans un placard pour revêtir mes survêtements gris, en ne levant jamais les yeux du plancher et en me faisant la plus petite et la plus innocente possible, j'ai aussi pu prêter l'oreille à des conversations entre hommes d'une valeur inestimable. En une occasion, Leonard m'a même entraînée dans une visite en coup de vent des vestiaires achalandés. Une fois les ''gars'' habitués à ma présence, j'ai trouvé le courage de demander à certains s'ils accepteraient d'être interviewés en vue de *Comment faire l'amour à un homme*. Sans exception, la réponse a été aussi enthousiaste que positive. Ce qui fait que ce jour-là, dans la chaleur écrasante, tout en tentant de passer à travers le programme tortueux d'exercices mis au point par Leonard à mon intention, j'ai entendu qu'on me demandait:

— Alors, Al, comment ça va? As-tu fini ton livre?

— Pas encore, pas encore. Mais aujourd'hui je devrais ajouter des détails intéressants! répondis-je nonchalamment. Je m'apprête à visiter Treasure Trove.

— Eh bien! ma petite dame, lança Leonard sans modifier d'un iota son expression, si ça t'excite...

— C'est une recherche sérieuse, rétorquai-je du tac au tac.

— Recherche, recherche, mon oeil. Amuse-toi *bien*. Et reviens au gymnase *demain*. Penses-tu vraiment que tu peux retrouver ta forme au rythme où tu travailles?

Au rythme où je remets au lendemain, pensai-je, je n'arriverai jamais à *rien*. Je terminai donc mes exercices et sortis dans la chaleur écrasante.

Je parcourus deux coins de rue avant de parvenir à destination. Jetant un coup d'oeil à l'intérieur, j'aperçus deux autres clients, un homme et une femme, ainsi que le jeune préposé qui, derrière son comptoir, semblait expliquer à la femme les qualités respectives de deux vibrateurs. Elle avait une allure tout à fait normale, non pas celle d'une créature provenant de quelque égout sexuel. Les personnes qui y travaillaient semblaient elles aussi en bonne santé, de même que l'autre client dont la mise soignée ne ressemblait en rien à l'aspect sinistre auquel je m'attendais presque.

Excitée, je pénétrai dans ce lieu brillamment éclairé.

— Puis-je vous aider? me demanda un commis en se tournant vers moi.

— Non, merci, je ne fais que regarder, répondis-je presque calmement. Et il s'y trouvait effectivement des tas de choses que je n'avais jamais vues auparavant.

— Peut-être aimeriez-vous jeter un coup d'oeil à notre catalogue, me proposa une jeune employée.

Cette intervention me mit aussitôt à l'aise, puisque j'y découvrirais des informations qui, de toute évidence, me manquaient. Tout en feuilletant le catalogue, qui était *absolument fascinant*, j'observai le va-et-vient des clients. Il était environ 14 heures et, sans être renversantes, les affaires allaient bon train.

À l'avant de la boutique, contre un fond de feutre gris de bon goût, se trouvaient des cartes postales, des gilets de corps, des savons, des lotions et des huiles. Vers le fond, la section ésotérique recélait des accessoires en caoutchouc et en cuir, en plus de courroies, d'anneaux, de masques, de soutiens-gorge, de culottes, de ceintures et même d'une paire de pantalons en cuir.

La boutique se vida enfin et le commis reporta sur moi toute son attention.

— Cherchez-vous quelque chose en particulier? me demanda-t-il.

Je lui expliquai que j'écrivais un livre, que je voulais y inclure de l'information à propos des *sex shops* et que plusieurs hommes de même que deux femmes m'avaient affirmé que Treasure Trove était "la meilleure boutique du genre".

— Effectivement, reprit le commis, notre boutique s'adresse aux gens sexuellement libérés. Nous avons un stock très complet de marchandises et, comme vous avez pu le constater en lisant notre catalogue, nous fabriquons à la demande de nos clients tout ce qui ne s'y trouve pas. Il arrive que certains aient des idées dont nous n'avions jamais même entendu parler auparavant.

— Pourriez-vous, dans ce cas, dis-je sur mon ton de journaliste le plus neutre, me donner quelques informations au sujet des vibrateurs?

— Bien sûr. Ils se vendent très bien; les gens en achètent de différents formats et de formes diverses parce qu'ils découvrent plusieurs façons de les utiliser. La femme dont je m'occupais tout à l'heure en voulait un plus mince que celui qu'elle possédait déjà. Les hommes aussi, bien sûr, en achètent. Autant pour leur propre usage que pour leurs femmes. Ils peuvent éveiller des sensations extraordinaires lorsqu'ils sont utilisés sur le pénis, les testicules, dans la région anale et l'anus. Je recommanderais d'en acheter un qui n'est pas trop bruyant. Les seules plaintes que nous ayons eues provenaient de clients qui les trouvaient trop bruyants. Tout est affaire de goût personnel, après en avoir essayé différents modèles.

— Les femmes achètent-elles certains produits destinés aux hommes?

— Elles en achètent plusieurs, mais surtout des anneaux génitaux. Les anneaux existent depuis des siècles et servent à maintenir l'érection tout en donnant l'impression d'un grossissement. Ces anneaux circulaires existent en divers formats et se portent à la base du pénis tout en encerclant les testicules. Comme vous pouvez le constater, nous en offrons un large éventail, aussi bien en caoutchouc et en cuir qu'en argent. Ici encore, je recommanderais à vos lectrices d'en acheter un de dimension variable qui pourra être confortablement ajusté. Vous vouliez savoir quels autres articles les femmes achètent. Elles achètent aussi des préservatifs français, dont on peut dire, j'imagine, qu'il s'agit de couvre-pénis fantaisistes. Ils sont supposés augmenter les sensations chez une femme. Certains peuvent donner l'impression d'un plus gros pénis. Mais, quitte à jouer le rôle d'une encyclopédie, je dois vous prévenir que bien qu'ils éveillent des sensations très agréables chez la femme, certains hommes affirment qu'ils se sentent lésés dans leurs sensations à cause de la barrière qui entoure le pénis. Nous suggérons aussi d'en glisser un sur un vibrateur à la façon d'un manche.

— Et tous ces articles? Qui les achète? demandai-je en indiquant une vitrine et le mur occupés par des masques, des fouets et autres objets sinistres.

— Les hommes aussi bien que les femmes achètent la plupart des articles que nous tenons en magasin, m'expliqua-t-il avec une patience exquise; si un article ne se vend pas, nous le laissons tomber.

Nous sommes une entreprise comme une autre, vous savez, sauf que nous vendons des articles sexuels. Les fouets, les colliers, et les objets en cuir se vendent mieux que les gens ne l'imaginent. Au point où nous en sommes dans la révolution sexuelle, les gens veulent explorer leurs fantaisies sexuelles, et nous avons en magasin tout ce qu'ils désirent. Vous obtiendrez sans doute toutes les informations dont vous pouvez avoir besoin à propos de chaque article que nous vendons en lisant notre catalogue.

— Pouvez-vous me dire quel est l'article qui se vend le mieux? demandai-je.

— C'est un gilet de corps.

— Un gilet de corps? Cette fois je ne suis pas prise au dépourvu. Lequel?

— Celui-là, dit-il en indiquant un gilet de corps orné d'un dessin abstrait. Examinez-le de plus près; ce n'est pas ce que vous pensez.

Ça ne l'était effectivement pas. Il s'agissait de la représentation sous forme de caricature d'un ensemble de personnes réunies pour une orgie.

— Et quel est celui qui vient au deuxième rang?

— Il y en a plusieurs. Nous faisons un bon chiffre d'affaires avec les produits de bain, les lotions corporelles, les vibrateurs et les poupées gonflables.

— Les poupées gonflables?

— Oui. Les ventes ont grimpé d'un seul coup durant la grève du transport en commun, lorsque le maire a décrété que chaque voiture devait transporter au moins deux passagers. Je vous prie de m'excuser, je dois servir une cliente, conclut-il avec courtoisie et il se détourna pour s'occuper d'elle.

J'achetai un catalogue et l'enfonçai profondément dans un compartiment de mon sac à main en me disant que si un camion m'écrasait, on ne découvrirait pas qu'une épingle à couche retenait ma culotte mais *ça*.

À la suite de ma visite à Treasure Trove, j'ai parlé avec nombre d'hommes et de femmes à propos de leurs expériences de magasinage et suis parvenue à certaines conclusions basées tant sur tout ce qu'ils m'ont dit que sur mes propres informations.

Les boutiques spécialisées en équipement sexuel ressemblent d'abord à des boutiques de bonbons pour adultes. L'atmosphère "chocolat aux cerises défendu" confère à ces endroits une bonne part de leur charge érotique. Ce qui est interdit — et inconnu — peut être très excitant sur le plan sexuel. "J'ai dit à mon mari que j'avais mis le pied dans un de ces endroits avec ma meilleure amie et il en a été très excité, affirme une femme avec qui j'ai discuté. La semaine suivante, nous y sommes allés ensemble et avons acheté un catalogue que nous consultons la fin de semaine lorsque nous pouvons passer beaucoup de temps au lit. Nous projetons d'y retourner et d'acheter quelques articles."

Ces boutiques surprennent, du moins Treasure Trove et d'autres que j'ai visitées, parce que même si elles exhalent une atmosphère d'interdit, les vendeurs d'objets érotiques sont en réalité presque exclusivement orientés vers les affaires. Les personnes qui y travaillent sont informées presque au point d'être d'une précision clinique; elles dispensent leurs informations sur le même ton que le pharmacien du coin. Il est aussi réconfortant de savoir qu'ils utilisent des mots tels que "vagin", "seins" et "queue" avec la même dose d'émotion que la plupart d'entre nous lorsque nous parlons de "fond de teint", de "rouge à lèvres" ou de "mascara". Il n'y a là ni simagrées ni regards effrontés. "Nous faisons tout en notre pouvoir pour que notre clientèle se sente à l'aise et qu'il lui soit facile d'acheter", affirme l'une des personnes que j'ai interviewées.

Une femme intelligente a peut-être résumé en quelques mots l'intérêt premier des boutiques sexuelles: "J'avais offert à Paul un bon assortiment de jouets sexuels à l'occasion de Noël. Nous avons découvert que nous n'étions pas tant excités par les objets eux-mêmes mais par l'*idée* de les acheter et de les posséder. En fait, les sensations que nous éprouvons l'un pour l'autre sont beaucoup plus excitantes que celles provoquées par ces jouets."

Un catalogue constitue sans doute le meilleur moyen d'amorcer l'exploration du monde des jouets sexuels. Les catalogues renferment des informations fascinantes sur les équipements sexuels, des plus ordinaires aux plus exotiques. Ils coûtent habituellement peu cher (environ cinq dollars) et le simple fait de les feuilleter demeure une expérience fascinante (ou choquante). Les dernières pages de magazines tels que *Playboy* ou *Playgirl* annoncent un choix de ces catalogues.

Les jouets ou les accessoires que l'on trouve dans les boutiques sexuelles servent fondamentalement à stimuler, aviver ou rendre réelles les fantaisies sexuelles. *Tous*, nous avons des fantaisies sexuelles. Nombre d'hommes et de femmes ont peur d'affronter leurs fantaisies sexuelles, — tant les leurs propres que celles de leurs partenaires — parce qu'ils les croient symptomatiques d'un état qui ne serait ni naturel ni sain. Les aspects non naturels ou malsains des fantaisies sexuelles sont sans doute seulement de forcer quelqu'un à s'impliquer dans quelque chose où il ou elle se sent mal à l'aise et qu'il ou elle n'a pas l'intention de faire. Les *deux* partenaires doivent avoir envie d'explorer leurs fantaisies sexuelles, ou leurs jeux amoureux comme on les appelle parfois, et chaque partenaire doit avoir une *confiance* absolue en l'autre. Cette confiance ne s'établit pas du jour au lendemain. Une relation profonde, faite de confiance et de sécurité, peut prendre des mois, voire des années, à se bâtir.

Outre la confiance, l'exploration des fantaisies sexuelles implique de l'*imagination* et de la *détermination* de la part des deux partenaires, demeure fondamentalement désirante et ludique, et peut ramener à la surface des aspects de notre personnalité dont nous ne sommes pas conscients. L'instinct de domination ou de soumission, la vulnérabilité et l'infantilisme sont quelques-unes des caractéristiques que peuvent mettre à jour les fantaisies sexuelles.

Certaines personnes trouvent leur compte en racontant tout simplement ou en revivant verbalement leurs fantaisies à l'intention de leurs partenaires. D'autres veulent les revivre de façon spécifique et réaliste. Dans ce dernier cas, il est nécessaire de planifier de manière à simuler la "réalité". Certains sont aux prises avec des fantaisies complexes qui nécessitent une mise au point des détails et une planification enchevêtrées. Ils affirment qu'une bonne part du plaisir et de l'excitation suscités par leur fantaisie provient de la préparation: l'achat de "jouets" particuliers ou le port de vêtements spéciaux, la planification de "menus" ou de voyages exotiques.

Nous commençons à peine à jouir de la liberté d'explorer des strates plus profondes de fantaisies sexuelles; l'imaginaire pourrait bien être la nouvelle frontière sur le plan sexuel.

15.

Les trucs du métier

Les professionnelles — de la fille du trottoir à la courtisane — vivent des fruits de la sexualité et celles qui réussissent et se maintiennent possèdent des trucs qui les aident à connaître un succès continu. Plusieurs de leurs spécialités ont été abordées dans les pages de ce livre, mais voici quelques techniques et idées très spéciales qui risquent de vous intéresser tout en vous apprenant quelque chose.

"La concentration est la clé du succès au lit", souligne une professionnelle de New York qui travaille dans son appartement couleur champagne, doucement éclairé et meublé d'antiquités rares de l'élégant Sutton Place, à Manhattan. "Je m'efforce de me concentrer sur ce que je fais. Si je le chevauche, par exemple, je m'implique totalement dans mes mouvements. Si je fais quelque chose qu'il m'a spécialement demandé de faire, même si ce n'est pas quelque chose qui me rend folle de joie, je ne permets à aucune pensée de m'envahir, sinon la pensée de ce que mon corps fait et du plaisir que je donne. Un homme ne sait peut-être pas exactement si vous êtes distraite ou perdue dans vos fantasmes, mais je suis certaine qu'il sait si vous êtes tout à fait concentrée sur son plaisir.

"En chacun, vous pouvez apprécier quelque chose, poursuit-elle. Même s'il n'a rien d'un Robert Redford ou d'un Cary Grant, vous pouvez lui donner le sentiment d'être une vedette si vous lui dites de quelle façon il est *vraiment* aimable. Vous devrez peut-être faire un effort d'imagination, mais c'est possible... Et assurez-vous de faire montre d'une bonne dose d'affection. La plupart des gens ne sont-ils pas après tout affamés d'affection?"

"Commencez par un bain à deux", recommande une belle prostituée rousse, qui souligne le fait que non seulement un bon savonnage constitue une expérience sensuelle, mais "garantit un certain degré d'hygiène personnelle". Elle propose un bain avant de passer au lit et elle commence par savonner ses messieurs d'une extrémité à l'autre en descendant vers les organes génitaux puis en poursuivant aussitôt vers les orteils. "Tous les hommes veulent se faire dorloter, déclare-t-elle, mais ils grandissent tout d'un coup."

Une autre prostituée new-yorkaise a appris le truc suivant d'une tenancière de la Nouvelle-Orléans. Avant de faire l'amour, elle frotte une trace de son lubrifiant vaginal naturel derrière ses oreilles, au bas des reins, sur ses seins et au creux de ses aisselles. Cette utilisation d'une fragrance naturelle comme attraction sexuelle est confirmée par la science contemporaine. Les phéromones, ces substances qui éveillent l'appétit sexuel, ont été découvertes tant dans les sécrétions des humains que dans celles des animaux et des insectes. De nos jours, l'industrie des parfums consacre une bonne partie de ses recherches à ces substances dont certaines sont déjà utilisées dans les parfums et les eaux de Cologne, mais la substance naturelle du corps féminin se trouve à portée de la main.

"L'ennui est l'un des pires problèmes sexuels auxquels ont à faire face les hommes dans leur mariage", souligne une professionnelle de Philadelphie sophistiquée et douée de beaucoup d'imagination. "La femme qui s'enduit le visage de crème et porte le même peignoir soir après soir et qui accomplit le même rituel dans la même chambre à la même heure court après les problèmes. Servez-vous un peu de votre imagination et variez le menu. Faites l'amour dans la chambre d'amis, ou dans le cabinet de travail, ou même sur le plancher de la salle de bain. Changez l'éclairage. Disposez une chaise devant un miroir et faites l'amour assis. Essayez de temps en temps d'autres styles de peignoirs ou de sous-vêtements. Portez des bijoux au lit — et rien d'autre. Pour une raison ou pour une autre, les hommes semblent aimer les perles. Lisez-lui un livre sexy. Maquillez-vous. Frictionnez-vous le corps devant lui. Glissez dans la poche de son veston un billet sexy qu'il trouvera une fois rendu à son travail. Changez de parfum. Faites-vous les orteils violets. Achetez des draps de satin: les draps en polyester sont très glissants et vous pouvez vous les procurer dans la plupart des magasins d'aubaines."

"Le meilleur moment pour faire l'amour à un homme, c'est le matin, affirme une professionnelle. Plusieurs hommes sont habituellement en érection lorsqu'ils se réveillent." La science confirme ce point de vue puisque les niveaux de testostérone, qui aide à provoquer la réaction sexuelle, sont à leur plus haut vers 7 heures du matin. "Je crois que la sexualité matinale est assez différente de la sexualité nocturne, poursuit-elle. Elle est habituellement plus athlétique et vous soulève plutôt que de vous assommer. Des hommes m'ont affirmé que de bien faire l'amour avant le déjeuner leur donnait de l'énergie pour la journée."

"Portez quelque chose de saugrenu, conseille une beauté aux cheveux de jais. Le plus excitant, c'est de porter des vêtements tout à fait classiques en ajoutant un détail inhabituel. Je porte souvent un tailleur noir orné d'une broche dorée. Si vous la regardez attentivement, vous verrez que cette broche élégante représente un couple qui fait l'amour. Les hommes réagissent toujours fortement lorsqu'ils s'en aperçoivent. Autres idées "saugrenues": ne pas porter de culotte (et le lui laisser savoir), porter un soutien-gorge ou une culotte noire réduits au minimum, ou encore un porte-jarretelles noir, rose ou de la couleur qui lui plaît davantage. Si vous voulez vraiment le surprendre, poursuit cette dame, portez une culotte bikini en latex ou en caoutchouc noir que vous pourrez vous procurer sur catalogue ou dans les boutiques sexuelles qui vendent des sous-vêtements érotiques."

"Plusieurs femmes l'ignorent sans doute, affirme une professionnelle de Las Vegas, mais les mâles veulent souvent être dominés.

Je ne suis pas pour ma part attirée par le sado-masochisme, mais il m'arrive de proposer un jeu. Je prétends que je lui ai attaché les mains et les pieds et qu'il doit agir exactement comme je le lui ordonne. Certains en sont très excités."

Lorsqu'une professionnelle veut vraiment exciter un client, elle ajoute à ses sensations en manipulant son anus. On le fait habituellement en enfonçant un doigt (lubrifié) d'environ 2 cm (1 pouce) dans l'anus pendant qu'ont lieu des relations orales. "Ce doigt doit être lubrifié avec de la salive (ou mieux encore avec une gelée chirurgicale ou une lotion) et l'ongle doit être très court. Si vous en avez l'expérience, vous pouvez enfoncer votre doigt davantage encore, localiser la prostate, qui ressemble vaguement au toucher à une noix de Grenoble, et masser celle-ci", recommande une femme entretenue que j'ai rencontrée à Los Angeles.

Mais le secret le plus important de la professionnelle de grande classe demeure l'*attention sans partage* qu'elle porte à l'homme avec qui elle se trouve au lit. "Je me concentre totalement et complètement sur l'homme. J'essaie de lui faire sentir qu'il est unique au monde, le plus sexy, le plus désirable, le plus merveilleux amant que je connaisse", affirme une fille très articulée qui exige de sa clientèle internationale plus de mille dollars par nuit pour ses services.

"Rien n'est plus excitant que de savoir que vous êtes un objet de désir, poursuit-elle, et que vous *êtes* l'unique récipiendaire d'amour et d'affection. La meilleure façon de faire l'amour à un homme est certainement de lui laisser savoir que vous êtes vraiment transportée par le désir."

16.

L'histoire de J.

Malgré un horaire surchargé, Joanna prit quelques minutes de plus pour mettre de l'ordre dans sa paperasse et diviser celle-ci en trois piles. "Les personnes condamnées à être ordonnées...", murmura-t-elle pour elle-même en alignant ses feuilles de façon à former des angles droits.

Ayant pris quelques minutes de retard, elle se dépêcha de quitter son bureau dans l'air frais d'une soirée de novembre. Elle se dirigea vers une boulangerie française et songea, en accélérant le rythme de sa marche, à ce qu'elle porterait au cocktail auquel elle devait assister. Lorsqu'elle entra dans la boutique, l'odeur des gâteaux et des babas au rhum frais la submergea et elle dut résister de toutes ses forces pour ne pas acheter une de ces tartelettes aux amandes et au beurre qu'elle préférait entre toutes et la dévorer sur-le-champ. Elle choisit plutôt 1/2 kg (1 livre) de délicats biscuits à la meringue (27 calories chacun, songea-t-elle en se remémorant son tableau de calories) et reprit la route jusqu'à l'étape suivante.

— Quatre poitrines et deux cuisses, dit-elle à la femme derrière le comptoir.

— D'accord, ma belle, et tu les veux très croustillantes, n'est-ce pas?

Joanna hocha la tête et cala sous son bras la boîte rouge et blanche de poulet frit à la Kentucky. Elle rentra chez elle avec à peine dix minutes de retard sur son horaire.

Il était 18 h 15 et elle devait retrouver Michael au cocktail des Cranford à 19 h 30. Mais elle avait d'abord beaucoup à faire.

Elle jeta un coup d'oeil dans le congélateur pour en vérifier le contenu. Elle déboucha la bouteille de chianti et la cacha dans une armoire avec le petit colis du fleuriste, prit un panier d'osier dont elle couvrit le fond d'un linge à carreaux rouges et blancs, le cacha sous l'évier, retrouva douze petites bougies qu'elle installa dans des soucoupes minuscules le long de l'escalier qui menait à la chambre à coucher.

Elle avait changé les draps le matin même. Elle plaça deux autres draps fleuris sur la commode et cacha un objet carré sous l'oreiller. La sonnerie du téléphone se fit entendre.

— Oui?... Ah! salut, Frank... Oui, j'ai appelé pour confirmer l'heure. Nous devrions rentrer vers 20 h 30. Si tu arrives vers 20 h 45, nous devrions être prêts. Sonne tout simplement. Je laisserai un chèque dans la poche de ton veston. À tout à l'heure.

Elle prit une douche rapide, nettoya la baignoire, mit les serviettes en ordre et astiqua le lavabo jusqu'à ce qu'il brille. Elle s'aspergea de Chanel no 19 et, dans un élan d'extravagance, en aspergea les serviettes. Elle se maquilla et se coiffa avec plus d'attention qu'à l'accoutumée, se glissa dans une robe de soie bourgogne, des souliers à talons hauts sexy et se regarda d'un oeil critique dans le miroir. Pas mal, pensa-t-elle tout en se sentant fière de la discipline dont elle avait fait preuve dans la pâtisserie. Elle s'apprêtait à endosser son manteau, mais hésita, réintégra sa chambre où elle enleva ses bas-culottes qu'elle remplaça par un porte-jarretelles fragile en satin blanc et des bas noirs dont les minces coutures se profilaient à l'arrière de ses jambes.

Elle arriva chez les Cranford à 19 h 30 précises et retrouva Michael qui s'y trouvait déjà.

— Bonsoir, mon amour, dit-il en l'embrassant. Tu es en beauté ce soir, surtout tes jambes.

Il lui lança un sourire narquois.

— Ma mère m'a dit qu'être sexy avait quelque chose à voir avec les bas, mais elle n'a pas poursuivi. Je suis heureuse que tu l'aies remarqué. Je croyais que maintenant qu'on habite ensemble, tes yeux commenceraient à perdre de leur élasticité.

— Jamais, promit-il solennellement. Allons voir les autres, sinon les gens vont croire que nous sommes en amour. Pendant que j'y pense, qu'est-ce que tu dirais que nous invitions Norman et Alexandra à casser la croûte avec nous un peu plus tard?

— J'ai une journée difficile qui m'attend demain au bureau et je préférerais vraiment que nous rentrions, si ça ne te dérange pas trop. Nous pouvons nous accommoder d'un sandwich rapide.

— D'accord.

À 20 h 20, ils avaient salué tout le monde et franchissaient les six coins de rue qui les séparaient de leur appartement.

— Oh! Michael, nous avons besoin de lait pour le déjeuner, aurais-tu objection à faire le détour? Je vais courir jusqu'à la maison: j'ai une *épouvantable* envie de pisser!

— Bien sûr. Je serai là dans une minute.

Dès que Michael prit une autre direction, Joanna se mit à courir, se précipita à l'intérieur, prit une allumette et alluma toutes les bougies dans l'escalier. Elle se rendit dans la chambre, ne garda que son porte-jarretelles et ses bas et revêtit un kimono. Lorsque Michael arriva, elle se tenait en haut de l'escalier.

— Que se passe-t-il? Es-tu tombée sur une vente de bougies? demanda-t-il en tentant de demeurer impassible, mais il ne put s'empêcher de sourire.

— Je vais allumer *ton* feu, laissa tomber Joanna avec un petit air innocent de sainte nitouche. Pourquoi ne te mets-tu pas à ton aise? Nous pourrions prendre un verre.

Pendant que Michael se trouvait dans la chambre, on sonna à la porte. Joanna fit entrer Frank en lui disant: "Il est en train de se changer; reste ici et, quand il descendra, monte dans la chambre et prépare-toi."

— Qu'est-ce que c'était? demanda Michael en descendant au salon.

— Oh! rien qu'un enfant qui s'est trompé de sonnette. Viens t'asseoir, ensuite je nous préparerai un sandwich.

— Dis-moi donc, Joanna, qu'est-ce qui se passe?...

— Si tu as la patience d'attendre quatre minutes, tu le sauras.

— Savoir quoi?

— De quelle façon j'ai l'intention de te séduire.

— Il est à peu près temps!

Quelques minutes plus tard, Joanna prit Michael par la main et le mena vers la chambre où Frank avait apprêté une table couverte de draps fleuris.

— Je te présente Frank Bosco, il va te donner un massage, dit Joanna à Michael stupéfait, en s'allongeant sur le lit.

— Je dois être mort et rendu au ciel, dit Michael après le départ de Frank. Un massage chez nous. C'est l'une des choses les plus merveilleuses qu'on ait faites pour moi.

— Eh bien! ce n'est pas encore fini! Pourquoi ne t'installes-tu pas parmi les oreillers en attendant la suite?

Joanna disparut dans la cuisine et revint en portant d'une main le panier d'osier et de l'autre la bouteille de vin à laquelle elle avait nouée une petite gerbe de marguerites. Dans le panier se trouvait une miche de pain croûté, six morceaux de poulet super-croustillants, des tranches de carottes et de céleri glacées, deux énormes napperons et deux gobelets de cristal. Elle étendit la nappe sur le couvre-pieds.

— Ton repas préféré est servi, annonça Joanna en posant sur la table tournante un album de Frank Sinatra, un autre de leurs plaisirs communs. Je pense que tu devrais aussi savoir que je t'aime beaucoup!

Ils rirent beaucoup, s'amusèrent beaucoup, s'embrassèrent beaucoup et mangèrent beaucoup durant l'heure suivante, ne s'interrompant que lorsque Joanna descendit chercher le dessert à la cuisine. Quatre portions de glace au citron maison à faible teneur en calories et dix petits biscuits à la meringue. Plus tard, Joanna mit lentement et délibérément à l'écart leurs accessoires de pique-nique, éteignit le système de son et alluma une chandelle. Enlevant son kimono, le laissant choir en un beau petit tas sur le plancher, elle prit

Michael par la main et replia les couvertures et les draps odorants en lui faisant signe de se coller à elle. Elle tendit la main et saisit sous l'oreiller le livre caché dont elle avait marqué certaines pages. Ouvrant le livre, elle commença à lire lentement, d'une voix douce.

— Comme tu sais, très chère, je ne me sers jamais de mots obscènes lorsque je parle. Jamais, n'est-ce pas, tu ne m'as entendu prononcer un mot déplacé devant autrui. Lorsque d'aucuns racontent en ma présence leurs histoires sordides ou lubriques, je souris à peine. Pourtant tu sembles me transformer en bête. C'est toi-même, fille vilaine et sans pudeur, qui m'as indiqué la voie. Ce n'est pas moi qui t'ai d'abord touchée il y a longtemps à Ringsend, mais toi, glissant ta main dans mon pantalon et...

— *Qui* est cette femme? demanda Michael.

— ...en tassant délicatement ma chemise et en touchant ma verge de tes longs doigts chatouilleurs et peu à peu la prenant toute... Ce sont aussi tes lèvres qui proférèrent d'abord un mot obscène. Je me souviens très bien de cette nuit passée au lit à Pola. Fatiguée certaine nuit d'être sous un homme, tu arrachas violemment ta chemise et basculas sur moi pour me chevaucher nue. Tu plantas ma queue dans ton con et commença à galoper sur ma...

— Voilà une femme à mon goût, l'interrompit Michael.

— Tu me dis que lorsque je reviendrai, poursuivit encore plus lentement Joanna sans répondre, tu me suceras et que tu veux que je te lèche le con, espèce de hussarde dépravée. J'espère qu'un jour tu me surprendras lorsque je dormirai tout habillé, que tu te précipiteras sur moi avec dans ton oeil somnolent l'éclat d'une putain, que tu ouvriras bouton par bouton la braguette de mes pantalons et que tu prendras délicatement la grosse queue de ton amant, la laperas de ta bouche humide et la suceras jusqu'à ce qu'elle soit de plus en plus grosse, de plus en plus dure, et éjaculera dans ta bouche...

— Qui sont ces gens? Ils se font vraiment des choses merveilleuses! Joanna...

— Si tu tiens absolument à le savoir, dit Joanna en refermant le livre, c'est l'un des plus célèbres écrivains de la langue anglaise écrivant à la femme qu'il aime profondément. Il se trouvait en Italie; elle, en Irlande. Ça se passait en 1909. Ce sont les *Lettres* de

James Joyce. Mais, ajouta Joanna en l'embrassant dans l'oreille et en tendant la main pour éteindre la lampe de chevet, un contact vaut mille lettres, comme le savait si bien Nora.

Une seule bougie vacillait, dessinant au plafond des ombres fantomatiques.

— Maintenant, lança Joanna à Michael, je vais te faire l'amour.

Table des matières

Remerciements 9

1. L'histoire de M. 11

2. Quelle est la grande différence entre un homme et une femme? 21
    Baiser et faire l'amour 23
    La dualité vierge/putain 25

3. Six surprises: les grandes craintes sexuelles des hommes 27
    Le format 29
    L'impuissance temporaire 30
    Rester bandé 31
    L'éjaculation précoce 31
    "Suis-je une tapette?" 31
    Le vieillissement 32

4. Accordez-vous la permission 33

5. De l'agressivité 39
    L'étau 46
    L'assaillante 46
    L'enveloppante 47
    L'écrasante 47
    L'embrasseuse envahissante 47

L'indécise   48
L'inopportune   48

6. La préparation: se sentir sexy   49
   Le contrôle pelvien, secret de la femme sexy   54

7. La mise en scène   59
   L'ouïe   63
   La vue   64
   L'odorat   65
   Le toucher   65
   Le goût   66

8. Surmonter le trac   69
   Assurez-le que vous ne serez pas dérangés   72
   Proposez d'abord un bain ou un massage   72
   Ne perdez pas votre sens de l'humour   72
   Refusez de laisser les choses se précipiter   73
   Évitez les gestes rapides ou brusques   73
   Comprenez l'anxiété face à la performance   74
   De grâce, ne faites pas semblant   76

9. Le secret de la geisha   77

10. Être détective dans un lit   85
    Les oreilles   89
    Le cou   89
    Les aisselles   89
    Les mamelons   90
    Les fesses   90
    La surface interne des cuisses   90
    Le pénis   90
    Les testicules et l'anus   91

11. Faire l'amour à un homme   93
    Un facteur clé: choisir le bon moment   95
    La femme chevauche l'homme   98

      L'abc de la chevauchée   99
      La sexualité orale   101
      L'abc de la sexualité orale   104
      Les positions   108

12. Oui, il est possible de parler simplement de sexualité   109
      Briser la glace   113
      Des réponses précises   114

13. Faire face aux problèmes d'érection   117

14. Escapade au *sex shop*   123

15. Les trucs du métier   133

16. L'histoire de J.   139

Affaires et vie pratique

* 1001 prénoms, leur origine, leur signification, Jeanne Grisé-Allard
  100 stratégies pour doubler vos ventes, Robert L. Riker
* Acheter et vendre sa maison ou son condominium, Lucille Brisebois
* Acheter une franchise, Pierre Levasseur
  À la retraite, re-traiter sa vie, Lucie Mercier
* Les annuelles en pots et au jardin, Albert Mondor
* Les assemblées délibérantes, Francine Girard
* La bourse, Mark C. Brown
* Bricoler pour les oiseaux, France et André Dion
* Le chasse-insectes dans la maison, Odile Michaud
* Le chasse-insectes pour jardins, Odile Michaud
* Le chasse-taches, Jack Cassimatis
* Choix de carrières — Après le collégial professionnel, Guy Milot
* Choix de carrières — Après le secondaire V, Guy Milot
* Choix de carrières — Après l'université, Guy Milot
  Clicking, Faith Popcorn
* Comment cultiver un jardin potager, Jean-Claude Trait
  Comment lire dans les feuilles de thé, William W. Hewitt
  Comment rédiger son curriculum vitæ, Julie Brazeau
  Comment voir et interpréter l'aura, Ted Andrews
* Comprendre le marketing, Pierre Levasseur
  La conduite automobile, Francine Levesque
  La couture de A à Z, Rita Simard
* Des bulbes en toutes saisons, Pierre Gingras
  Des pierres à faire rêver, Lucie Larose
* Des souhaits à la carte, Clément Fontaine
* Devenir exportateur, Pierre Levasseur
* Écrivez vos mémoires, S. Liechtele et R. Deschênes
* L'entretien de votre maison, Consumer Reports Books
* L'étiquette des affaires, Elena Jankovic
* Faire son testament, Mᵉ Gérald Poirier et Martine Nadeau
* Fleurs de villes, Benoit Prieur
* Fleurs sauvages du Québec, Estelle Lacoursière et Julie Therrien
* La généalogie, Marthe F.-Beauregard et Ève B.-Malak
* Gérer ses ressources humaines, Pierre Levasseur
  La graphologie en 10 leçons, Claude Santoy
* Le guide Bizier et Nadeau, R. Bizier et R. Nadeau
* Le guide de l'auto 2001, J. Duval et D. Duquet
* Guide complet du bricolage et de la rénovation, Black & Decker
* Guide des arbres et des plantes à feuillage décoratif, Benoit Prieur
* Guide des fleurs pour les jardins du Québec, Benoit Prieur
* Le guide des plantes d'intérieur, Coen Gelein
* Guide des plantes pour la maison, Benoit Prieur
* Guide des voitures anciennes tome I et tome II, J. Gagnon et C. Vincent
* Guide du jardinage et de l'aménagement paysager au Québec, Benoit Prieur
* Guide du potager, Benoit Prieur
* Le guide du savoir-écrire, Jean-Paul Simard
* Le guide du vin 2001, Michel Phaneuf
* Guide gourmand 97 — Les 100 meilleurs restaurants de Montréal, Josée Blanchette
* Guide gourmand — Les bons restaurants de Québec — Sélection 1996, D. Stanton
* Le guide Mondoux, Yves Mondoux
  Guide pratique des premiers soins, Raymond Kattar
  Guide pratique des vins d'Italie, Jacques Orhon
* Guide Prieur saison par saison, Benoit Prieur
* Les hémérocalles, Benoit Prieur
  L'île d'Orléans, Michel Lessard
* J'aime les azalées, Josée Deschênes
* J'aime les bulbes d'été, Sylvie Regimbal
  J'aime les cactées, Claude Lamarche
* J'aime les conifères, Jacques Lafrenière
* J'aime les petits fruits rouges, Victor Berti
  J'aime les rosiers, René Pronovost

* J'aime les tomates, Victor Berti
* J'aime les violettes africaines, Robert Davidson
  J'apprends l'anglais…, Gino Silicani et Jeanne Grisé-Allard
  Le jardin d'herbes, John Prenis
* Jardins d'ombre et de lumière, Albert Mondor
* Lancer son entreprise, Pierre Levasseur
* La loi et vos droits, Mc Paul-Émile Marchand
  Ma grammaire, Roland Jacob et Jacques Laurin
* Mariage, étiquette et planification, Suzanne Laplante
* Le meeting, Gary Holland
  Mieux connaître les vins du monde, Jacques Orhon
  Le nouveau guide des vins de France, Jacques Orhon
* Nouveaux profils de carrière, Claire Landry
  L'orthographe en un clin d'œil, Jacques Laurin
* Ouvrir et gérer un commerce de détail, C. D. Roberge et A. Charbonneau
* Passage obligé, Charles Sirois
* Le patron, Cheryl Reimold
* Le petit Paradis, France Paradis
* La planification fiscale étape par étape, Diane Blais et Michel Lanteigne
* Prévoir les belles années de la retraite, Michael Gordon
  Le principe 80/20, Richard Koch
  Le rapport Popcorn, Faith Popcorn
* Les secrets d'une succession sans chicane, Justin Dugal
  La taxidermie moderne, Jean Labrie
* Les techniques de jardinage, Paul Pouliot
  Techniques de vente par téléphone, James D. Porterfield
* Tests d'aptitude pour mieux choisir sa carrière, Linda et Barry Gale
* Tout ce que vous devez savoir sur le condominium, Robert Dubois
  Une carrière sur mesure, Denise Lemyre-Desautels
  L'univers de l'astronomie, Robert Tocquet
  Un paon au pays des pingouins, B. Hateley et W. H. Schmidt
  La vente, Tom Hopkins
  Votre destinée dans les lignes de la main, Michel Morin

Psychologie, vie affective, vie professionnelle, sexualité

20 minutes de répit, Ernest Lawrence Rossi et David Nimmons
101 conseils pour élever un enfant heureux, Lisa McCourt
1001 stratégies amoureuses, Marie Papillon
À dix kilos du bonheur, Danielle Bourque
L'adultère est un péché qu'on pardonne, Bonnie Eaker Weil et Ruth Winter
* Aider mon patron à m'aider, Eugène Houde
  Aimer et se le dire, Jacques Salomé et Sylvie Galland
  Aimer un homme sans se laisser dominer, Harrison Forrest
  À la découverte de mon corps — Guide pour les adolescentes, Lynda Madaras
  À la découverte de mon corps — Guide pour les adolescents, Lynda Madaras
  L'amour comme solution, Susan Jeffers
* L'amour, de l'exigence à la préférence, Lucien Auger
* L'amour en guerre, Guy Corneau
  L'amour entre elles, Claudette Savard
  Les anges, mystérieux messagers, Collectif
  Apprendre à dire non, Marcelle Lamarche et Pol Danheux
  Apprenez à votre enfant à réfléchir, John Langrehr
  L'apprentissage de la parole, R. Michnik Golinkoff et K. Hirsh-Pasek
  L'approche émotivo-rationnelle, Albert Ellis et Robert A. Harper
  Arrosez les fleurs pas les mauvaises herbes, Fletcher Peacock
  L'art de discuter sans se disputer, Robert V. Gerard
  L'art de parler en public, Ed Woblmuth
  L'art d'être parents, Dr Benjamin Spock
* Astrologie 2000, Andrée d'Amour
  Attention, parents!, Carol Soret Cope
  Au cœur de l'année monastique, Victor-Antoine d'Avila-Latourrette
  Balance en amour, Linda Goodman
  Bébé joue et apprend, Penny Warner
  Bélier en amour, Linda Goodman

Bientôt maman, Janet Whalley, Penny Simkin et Ann Keppler
* **Le bonheur au travail,** Alan Carson et Robert Dunlop
Cancer en amour, Linda Goodman
Capricorne en amour, Linda Goodman
Ces chers parents!..., Christina Crawford
Ces gens qui vous empoisonnent l'existence, Lillian Glass
* **Ces hommes qui méprisent les femmes... et les femmes qui les aiment,** Dr Susan Forward et Joan Torres
Ces pères qui ne savent pas aimer, Monique Brillon
Ces visages qui en disent long, Jeanne-Élise Alazard
Changer en douceur, Alain Rochon
Changer ensemble — Les étapes du couple, Susan M. Campbell
Changer, oui, c'est possible, Martin E. P. Seligman
Les clés du succès, Napoleon Hill
Comment aider mon enfant à ne pas décrocher, Lucien Auger
Comment communiquer avec votre adolescent, E. Weinhaus et K. Friedman
Comment contrôler l'inquiétude et l'utiliser efficacement, Dr E. M. Hallowell
Comment faire l'amour sans danger, Diane Richardson
* **Comment parler en public,** S. Barrat et C. H. Godefroy
Comment s'amuser à séduire l'autre, Lili Gulliver
Comment s'entourer de gens extraordinaires, Lillian Glass
Communiquer avec les autres, c'est facile!, Érica Guilane-Nachez
Le complexe de Casanova, Peter Trachtenberg
* **Comprendre et interpréter vos rêves,** Michel Devivier et Corinne Léonard
La concentration créatrice, Jean-Paul Simard
La côte d'Adam, M. Geet Éthier
Couples en péril réagissez!, Dr Arnold Brand
Découvrez votre quotient intellectuel, Victor Serebriakoff
Découvrir un sens à sa vie avec la logothérapie, Viktor E. Frankl
Le défi de vieillir, Hubert de Ravinel
* **De ma tête à mon cœur,** Micheline Lacasse
La dépression contagieuse, Ronald M. Podell
La deuxième année de mon enfant, Frank et Theresa Caplan
Développez votre charisme, Tony Alessandra
Devenez riche, Napoleon Hill
* **Dieu ne joue pas aux dés,** Henri Laborit
Dominez votre anxiété avant qu'elle ne vous domine, Albert Ellis
Les douze premiers mois de mon enfant, Frank Caplan
Les dynamiques de la personne, Denis Ouimet
Dynamique des groupes, Jean-Marie Aubry
En attendant notre enfant, Yvette Pratte Marchessault
* **Les enfants de l'autre,** Erna Paris
Les enfants de l'indifférence, Andrée Ruffo
* **L'enfant unique — Enfant équilibré, parents heureux,** Ellen Peck
L'Ennéagramme au travail et en amour, Helen Palmer
Entre le rire et les larmes, Élisabeth Carrier
* **L'esprit du grenier,** Henri Laborit
Êtes-vous faits l'un pour l'autre?, Ellen Lederman
* **L'étonnant nouveau-né,** Marshall H. Klaus et Phyllis H. Klaus
Être soi-même, Dorothy Corkille Briggs
* **Évoluer avec ses enfants,** Pierre-Paul Gagné
Exceller sous pression, Saul Miller
* **Exercices aquatiques pour les futures mamans,** Joanne Dussault et Claudia Demers
Fantaisies amoureuses, Marie Papillon
La femme indispensable, Ellen Sue Stern
La force intérieure, J. Ensign Addington
Le fruit défendu, Carol Botwin
Gémeaux en amour, Linda Goodman
Le goût du risque, Gert Semler
Le grand dauphin blanc, Bruno Saint-Cast
* **Le grand manuel des cristaux,** Ursula Markham
La graphologie au service de votre vie intime et professionnelle, Claude Santoy
Guérir des autres, Albert Glaude
* **La guérison du cœur,** Guy Corneau
Le guide du succès, Tom Hopkins
* **Heureux comme un roi,** Benoît L'Herbier

Histoire d'une femme traquée, Gaëtan Dufour
L'histoire merveilleuse de la naissance, Jocelyne Robert
Horoscope chinois 2001, Neil Somerville
Les initiales du bonheur, Ronald Royer
L'insoutenable absence, Regina Sara Ryan
J'ai commis l'inceste, Gilles David
* J'aime, Yves Saint-Arnaud
J'ai rendez-vous avec moi, Micheline Lacasse
Jamais seuls ensemble, Jacques Salomé
Je crois en moi et je vais mieux !, Christ Zois et Patricia Fogarty
Je réinvente ma vie, J. E. Young et J. S. Klosko
Le jeu excessif, Ladouceur, Sylvain, Boutin et Doucet
* Le journal intime intensif, Ira Progoff
Le langage du corps, Julius Fast
Lion en amour, Linda Goodman
Le mal des mots, Denise Thériault
Maman a raison, papa n'a pas tort..., Dr Ron Taffel
Maman, bobo!, Collectif
Les manipulateurs et l'amour, Isabelle Nazare-Aga
Les manipulateurs sont parmi nous, Isabelle Nazare-Aga
Ma sexualité de 0 à 6 ans, Jocelyne Robert
Ma sexualité de 6 à 9 ans, Jocelyne Robert
Ma sexualité de 9 à 12 ans, Jocelyne Robert
La méditation transcendantale, Jack Forem
Le mensonge amoureux, Robert Blondin
Nous divorçons — Quoi dire à nos enfants, Darlene Weyburne
Mère à la maison et heureuse ! Cindy Tolliver
Mettez du feng shui dans votre vie, George Birdsall
* Mon enfant naîtra-t-il en bonne santé ?, Jonathan Scher et Carol Dix
* Mon journal de rêves, Nicole Gratton
Parent responsable, enfant équilibré, François Dumesnil
Parle, je t'écoute..., Kris Rosenberg
Parle-moi... j'ai des choses à te dire, Jacques Salomé
Parlez-leur d'amour et de sexualité, Jocelyne Robert
Parlez pour qu'on vous écoute, Michèle Brien
Partir ou rester ?, Peter D. Kramer
Pas de panique!, Dr R. Reid Wilson
Pensez comme Léonard de Vinci, Michael J. Gelb
Père manquant, fils manqué, Guy Corneau
Petit bonheur deviendra grand, Éliane Francœur
La peur d'aimer, Steven Carter et Julia Sokol
Les peurs infantiles, Dr John Pearce
Peut-on être un homme sans faire le mâle ?, John Stoltenberg
* Les plaisirs du stress, Dr Peter G. Hanson
La plénitude sexuelle, Michael Riskin et Anita Banker-Riskin
Poissons en amour, Linda Goodman
Pour en finir avec le trac, Peter Desberg
Pour entretenir la flamme, Marie Papillon
Pourquoi l'autre et pas moi ? — Le droit à la jalousie, Dr Louise Auger
Pourquoi les hommes s'en vont, Brenda Shoshanna
Le pouvoir d'Aladin, Jack Canfield et Mark Victor Hansen
Le pouvoir de la couleur, Faber Birren
Le pouvoir de la pensée « négative », Tony Humphreys
Le pouvoir de l'empathie, A.P. Ciaramicoli et C. Ketcham
Préparez votre enfant à l'école dès l'âge de 2 ans, Louise Doyon
* Prévenir et surmonter la déprime, Lucien Auger
Le principe de Peter, L. J. Peter et R. Hull
Les problèmes de sommeil des enfants, Dr Susan E. Gottlieb
Psychologie de l'enfant de 0 à 10 ans, Françoise Cholette-Pérusse
* La puberté, Angela Hines
La puissance de la vie positive, Norman Vincent Peale
La puissance de l'intention, Richard J. Leider
Qui a peur d'Alexander Lowen ?, Édith Fournier
Réfléchissez et devenez riche, Napoleon Hill
La réponse est en moi, Micheline Lacasse
Les rêves, messagers de la nuit, Nicole Gratton
Les rêves portent conseil, Laurent Lachance

Rêves, signes et coïncidences, Laurent Lachance
Rompre pour de bon!, Joyce L. Vedral
Ronde et épanouie!, Cheri K. Erdman
* S'affirmer au quotidien, Éric Schuler
S'affirmer et communiquer, Jean-Marie Boisvert et Madeleine Beaudry
S'aider soi-même davantage, Lucien Auger
Sagittaire en amour, Linda Goodman
Scorpion en amour, Linda Goodman
Se comprendre soi-même par des tests, Collaboration
Se connaitre soi-même, Gérard Artaud
* Le secret de Blanche, Blanche Landry
Secrets d'alcôve, Iris et Steven Finz
Les secrets de la flexibilité, Priscilla Donovan et Jacquelyn Wonder
Les secrets de l'astrologie chinoise ou le parfait bonheur, André H. Lemoine
Séduire à coup sûr, Leil Lowndes
* Se guérir de la sottise, Lucien Auger
S'entraider, Jacques Limoges
* La sexualité du jeune adolescent, Dr Lionel Gendron
La sexualité pour le plaisir et pour l'amour, D. Schmid et M.-J. Mattheeuws
Si je m'écoutais je m'entendrais, Jacques Salomé et Sylvie Galland
* Superlady du sexe, Susan C. Bakos
Surmonter sa peine, Adele Wilcox
La synergologie, Philippe Turchet
Taureau en amour, Linda Goodman
Te laisse pas faire!, Jocelyne Robert
Le temps d'apprendre à vivre, Lucien Auger
Tics et problèmes de tension musculaire, Kieron O'Connor et Danielle Gareau
Tirez profit de vos erreurs, Gerard I. Nierenberg
Tout se joue avant la maternelle, Masaru Ibuka
* Travailler devant un écran, Dr Helen Feeley
Un autre corps pour mon âme, Michael Newton
* Un monde insolite, Frank Edwards
Une vie à se dire, Jacques Salomé
* Un second souffle, Diane Hébert
Verseau en amour, Linda Goodman
* La vie antérieure, Henri Laborit
Vieillir au masculin, Hubert de Ravinel
Vierge en amour, Linda Goodman
Vivre avec un cardiaque, Rhoda F. Levin
Vos enfants consomment-ils des drogues?, Steve Carper et Timothy Dimoff
Votre enfant est-il trop sensible?, Janet Poland et Judi Craig
Votre enfant est-il victime d'intimidation?, Sarah Lawson
Vouloir c'est pouvoir, Raymond Hull
Vous valez mieux que vous ne pensez, Patricia Cleghorn

Affaires, loisirs, vie pratique

* L'affrontement, Henri Lamoureux
* Les bains flottants, Michael Hutchison
* Conte pour buveurs attardés, Michel Tremblay
* La France à la québécoise, André Bergeron et Émile Roberge
* Le guide du répondeur bien branché, Robert Blondin et Lucie Dumoulin
* J'avais oublié que l'amour fût si beau, Évette Doré-Joyal
* Jean-Paul ou les hasards de la vie, Marcel Bellier
* Oslovik fait la bombe, Oslovik
* Questions réponses sur vos droits et recours, François Huot

Animaux

L'amstaff (American Staffordshire terrier), Dr Joël Dehasse
Attirer les oiseaux, les loger, les nourrir, André Dion
Le bâtard, Dr Joël Dehasse
Le beagle, Dr Joël Dehasse
Le berger allemand, Dr Joël Dehasse
Le berger belge, Dr Joël Dehasse
Le bichon frisé, Dr Joël Dehasse
Le bichon maltais, Dr Joël Dehasse
Le bobtail, Dr Joël Dehasse
Le bouvier bernois, Dr Joël Dehasse
Le bouvier des flandres, Dr Joël Dehasse
Le boxer, Dr Joël Dehasse
Le braque allemand, Dr Joël Dehasse
Le braque de Weimar, Dr Joël Dehasse
Le caniche, Dr Joël Dehasse
Les caniches nains et moyens, Dr Joël Dehasse
Le perroquet, Michèle Pilote
Le cavalier King Charles, Dr J. Dehasse
Le chat de gouttière, Nadège Devaux
Le chat himalayen, Nadège Devaux
Chats hors du commun, Dr Joël Dehasse
Chiens hors du commun, Dr Joël Dehasse
Le chinchilla, Manon Tremblay
Le chow-chow, Dr Joël Dehasse
Le cochon d'Inde, Michèle Pilotte
Le cockatiel (perruche callopsite), Michèle Pilotte
Le cocker américain, Dr Joël Dehasse
Le cocker spaniel, Dr Joël Dehasse
Le colley, Dr Joël Dehasse
Le dalmatien, Dr Joël Dehasse
Le doberman, Dr Joël Dehasse
Le dogue allemand (le danois), Dr Joël Dehasse
L'éducation du chat, Dr Joël Dehasse
L'éducation du chien, Dr Joël Dehasse
L'épagneul breton, Dr Joël Dehasse
Le fox-terrier à poil dur, Dr Joël Dehasse
Le furet, Manon Tremblay
Le golden retriever, Dr Joël Dehasse
Le husky, Dr Joël Dehasse
Les inséparables, Michèle Pilotte
Le Jack Russell terrier, Dr Joël Dehasse
Le labrador, Dr Joël Dehasse
Le lapin, Manon Tremblay
Le lézard, Michèle Pilotte
Le lhassa apso, Dr Joël Dehasse
Mon chien est bien élevé, Dr Joël Dehasse
Mon chien est-il dominant ? Dr Joël Dehasse
Mon chien est propre, Audrey Carr et Lou Ellen Davis
Mon jeune chien a des problèmes, Dr Joël Dehasse
Nourrir les oiseaux dans sa main, Hugh Wiberg
Le persan chinchilla, Nadège Devaux
Les persans, Nadège Devaux
Les pinsons, Michèle Pilotte
Le pit-bull, Dr Joël Dehasse
Le rottweiler, Dr Joël Dehasse
Le saint-bernard, Dr Joël Dehasse
Les schnauzers, Dr Joël Dehasse
Secrets d'oiseaux, Pierre Gingras
Le serin (canari), Michèle Pilotte
Le serpent, Guy Deland
Le setter anglais, Dr Joël Dehasse
Le shar-peï, Dr Joël Dehasse
Le sheltie, Dr Joël Dehasse
Le shih-tzu, Dr Joël Dehasse
Le siamois, Nadège Devaux

Le teckel, Dr Joël Dehasse
Le terre-neuve, Dr Joël Dehasse
Le westie, Dr Joël Dehasse
Le yorkshire, Dr Joël Dehasse

Ésotérisme, santé, spiritualité

L'astrologie pratique, Wofgang Reinicke
Les chemins de l'éveil, Dr Roger Walsh
Combattre la maladie d'Alzheimer, Carmel Sheridan
Dans l'œil du cyclone, Collectif
* Échos de deux générations, Sophie Giroux et Benoît Lacroix
La féminité cachée de Dieu, Sherry R. Anderson et Patricia Hopkins
Le grand livre de la cartomancie, Gerhard von Lentner
Jeûner pour sa santé, Nicole Boudreau
La méditation — voie de la lumière intérieure, Laurence Freeman
Le nouveau livre des horoscopes chinois, Theodora Lau
Où habite le bon Dieu?, Marc Gellman et Thomas Hartman
La parole du silence, Laurence Freeman
* Pour en finir avec l'hystérectomie, Dr Vicki Hufnagel et Susan K. Golant
Le pouvoir de l'auto-hypnose, Stanley Fisher
La prière, Dr Larry Dossey
Prodiges et mystères de la vie avant la naissance, Dr P. W. Nathanielz
Questions réponses sur la maladie d'Alzheimer, Dr Denis Gauvreau et Dr Marie Gendron
Questions réponses sur la ménopause, Ruth S. Jacobowitz
Questions réponses sur les matières grasses et le cholestérol, M. Brault-Dubuc et
    L. Caron-Lahaie
Renaître, Billy Graham
Sagesse amérindienne, Dhyani Ywahoo
S'initier à la méditation, Manon Arcand
Une nouvelle vision de la réalité, Bede Griffiths
Un monde de silence, Laurence Freeman
Un mot dans le silence, un mot pour méditer, John Main
* Le vol de l'oiseau migrateur, Joseph Campbell
Votre corps vous écoute, Barbara Hoberman Levine

Essais et documents

* 1759 La bataille du Canada, Laurier L. LaPierre
* L'administration et le développement coopératif, Marcel Laflamme et
    André Roy
* Les années Trudeau — La recherche d'une société juste, T. S. Axworthy et P. E. Trudeau
* Le Dragon d'eau, R. F. Holland
* Elle sera poète, elle aussi! Liliane Blanc
* Femmes et politique, Yolande Cohen, Andrée Yanacopoulo et Nicole Brossard
* Les femmes sont-elles allées trop loin?, Francine Burnonville
* Hans Selye ou la cathédrale du stress, Andrée Yanacopoulo
* Hiérarchie ethnique dans la grande entreprise, Jean-Marie Rainville
* L'histoire des femmes au Québec, Le collectif Clio
* Jacques Cartier - L'odyssée intime, Georges Cartier
Jésus, p.d.g. de l'an 2000, Laurie Beth Jones
Les mythes à travers les âges, Joseph Campbell
* Trudeau – l'essentiel de sa pensée politique, P. E. Trudeau et R. Graham

Psychologie, vie affective, vie professionnelle, sexualité

L'accompagnement au soir de la vie, Andrée Gauvin et Roger Régnier
Adieu, Dr Howard M. Halpern
Affirmez votre pouvoir!, Junius Podrug
L'agressivité créatrice, Dr George R. Bach et Dr Herb Goldberg
Aimer, c'est choisir d'être heureux, Barry Neil Kaufman
Aimer son prochain comme soi-même, Joseph Murphy

Les âmes sœurs, Thomas Moore
L'amour impossible, Jan Bauer
L'amour lucide, Gay Hendricks et Kathlyn Hendricks
Amour, mensonges et pièges, Guy Finley
L'amour obession, Dr Susan Foward
Apprendre à vivre et à aimer, Leo Buscaglia
Arrête ! tu m'exaspères — Protéger son territoire, Dr George Bach et Ronald Deutsch
L'art d'engager la conversation et de se faire des amis, Don Gabor
L'art de vivre heureux, Josef Kirschner
L'autosabotage, Michel Kuc
La beauté de Psyché, James Hillman
Le bonheur, c'est un choix, Barry Neil Kaufman
Le bonheur de vivre simplement, Timothy Miller
Le burnout, Collectif
Célibataire et heureux !, Vera Peiffer
Ces gens qui ont peur d'avoir peur, Elaine N. Aron
Ces hommes qui ne communiquent pas, Steven Naifeh et Gregory White Smith
C'est pas la faute des mères !, Paula J. Caplan
Ces vérités vont changer votre vie, Joseph Murphy
Le chemin de la maturité, Dr Clifford Anderson
Chocs toniques, Eric Allenbaugh
Choisir qui on aime, Howard M. Halpern
Les clés pour lâcher prise, Guy Finley
Comment acquérir assurance et audace, Jean Brun
Comment apprendre l'autodiscipline aux enfants, Thomas Gordon
Comment faire l'amour à la même personne pour le reste de votre vie, Dagmar O'Connor
Comment faire l'amour à une femme, Michael Morgenstern
Comment faire l'amour à un homme, Alexandra Penney
Comment faire l'amour ensemble, Alexandra Penney
Comment peut-on pardonner ?, Robin Casarjian
Communication efficace, Linda Adams
Le courage de créer, Rollo May
Créez votre vie, Jean-François Decker
La culpabilité, Lewis Engel et Tom Ferguson
Le défi de l'amour, John Bradshaw
Dire oui à l'amour, Leo Buscaglia
Dominez les émotions qui vous détruisent, Dr Robert Langs
Dominez vos peurs, Vera Peiffer
La dynamique mentale, Christian H. Godefroy
Éduquer son enfant avec sa tête et son cœur, Martha H. Pieper et William J. Pieper
L'effet Mozart, Don Campbell
Éloïse, poste restante, Loïse Lavallée
Les enfants dictateurs, Fred G. Gosman
Les enfants hyperactifs et lunatiques, Dr Guy Falardeau
Entre le cœur et l'âme, Robert Sardello
Êtes-vous parano ?, Ronald K. Siegel
L'éveil de votre puissance intérieure, Anthony Robins
* Exit final — Pour une mort dans la dignité, Derek Humphry
Focusing au centre de soi, Dr Eugene T. Gendling
La famille, John Bradshaw
* La famille moderne et son avenir, Lyn Richards
La fille de son père, Linda Schierse Leonard
La Gestalt, Erving et Miriam Polster
Le grand voyage, Tom Harpur
Le harcèlement psychologique, Daniel Rhodes et Kathleen Rhodes
Harmonisez votre corps et votre esprit, Ian McDermott et Joseph O'Connor
L'héritage spirituel d'une enfance difficile, Josef Kirschner
Humeurs de femmes, Dr Deborah Sichel et Jeanne W. Driscoll
Les illusions du bonheur, Harriet Lerner
L'influence de la couleur, Betty Wood
L'intuition, Penney Peirce
Je ne peux pas m'arrêter de pleurer, John D. Martin et Frank D. Ferris
Lâcher prise, Guy Finley
Leaders efficaces, Thomas Gordon
* Les manipulateurs, E. L. Shostrom et D. Montgomery
Mère un jour, mère toujours !, Harriet Lerner
Messieurs, que seriez-vous sans nous ?, C. Benard et E. Schlaffer

Mesurez votre intelligence émotionnelle, S. Simmons et J. C. Simmons Jr.
Mieux vivre avec nos adolescents, Richard Cloutier
Le miracle de votre esprit, Dr Joseph Murphy
Née pour se taire, Dana Crowley Jack
Ne t'endors jamais le cœur lourd, Carol Osborn
Ni ange ni démon, Stephen Wolinsky
Nous sommes nés pour l'amour, Leo Buscaglia
Nouvelles relations entre hommes et femmes, Herb Goldberg
Option vérité, Will Schutz
L'oracle de votre subconscient, Dr Joseph Murphy
Osez dire non!, Vera Peiffer
Parents au pouvoir, John Rosemond
Parlez pour qu'on vous écoute, Michèle Brien
Paroles de jeunes, Barry Neil Kaufman
La passion de grandir, Muriel et John James
Pensées pour lâcher prise, Guy Finley
* La personnalité, Léo Buscaglia
Peter Pan grandit, Dr Dan Kiley
Le pouvoir créateur de la colère, Harriet Goldhor Lerner
Le pouvoir de la motivation intérieure, Shad Helmstetter
La puissance de la pensée positive, Norman Vincent Peale
Prier pour lâcher prise, Guy Finley
La puissance de votre subconscient, Dr Joseph Murphy
* Quand l'amour ne va plus, Ann Jones et Susan Schechter
Quand on peut on veut, Lynne Bernfield
Questions réponses sur le plaisir sexuel de la femme, D. Brouillette et M. C. Courchesne
* La rage au cœur, Martine Langelier
Rebelles, de mère en fille, Linda Schierse Leonard
Réfléchissez et devenez riche, Napoleon Hill
Retrouver l'enfant en soi, John Bradshaw
S'affirmer — Savoir prendre sa place, R. E. Alberti et M. L. Emmons
S'affranchir de la honte, John Bradshaw
S'aimer ou le défi des relations humaines, Leo Buscaglia
S'aimer sans se fuir, Roy F. Baumeister
Savoir quand quitter, Jack Barranger
Les secrets de la communication, Richard Bandler et John Grinder
Se faire écouter d'un enfant têtu, James Windell
Se faire obéir des enfants sans frapper et sans crier, B. Unell et J. Wyckoff
Se libérer de son carcan, Warren Berland
Seuls ensemble, Dan Kiley
La sexualité des jeunes, Dr Guy Falardeau
Le succès par la pensée constructive, Napoleon Hill
La survie du couple, John Wright
Tous les chemins mènent à soi, Laurie Beth Jones
Triomphez de vous-même et des autres, Dr Joseph Murphy
* Un homme au dessert, Sonya Friedman
* Uniques au monde!, Jeanette Biondi
Vaincre l'ennemi en soi, Guy Finley
Vivre à deux aujourd'hui, Collectif sous la direction de Roger Tessier
Vivre avec passion, David Gershon et Gail Straub
Les voies de l'émerveillement, Guy Finley
Votre corps vous parle, écoutez-le!, Henry G. Tietze
Vouloir vivre, Andrée Gauvin et Roger Régnier
* Vous êtes doué et vous ne le savez pas, Barbara Sher
Vous êtes vraiment trop bonne…, Claudia Bepko et Jo-Ann Krestan
Y a-t-il des perfectionnistes heureux?, Monica Ramirez Basco

---

* Pour l'Amérique du Nord seulement.
(2000/11)

Cet ouvrage a été achevé d'imprimer
au Canada en janvier 2001.